Die Gülen Bewegung

Religionsgemeinschaft oder Geheimbund?

Cemil Şahinöz

Nachdruck oder Vervielfältigungen, auch auszugsweise, bedürfen der schriftlichen Zustimmung des Autors.

Herstellung und Verlag:

BoD - Books on Demand, Norderstedt

ISBN 9783741271281

©2016 www.misawa.de

Alle Rechte liegen beim Autor.

Cover: Erman Doğan

Cemil Şahinöz

Der Autor Cemil Şahinöz (Dipl. Soziologe, Familienberater, Integrationsbeauftragter, Doktorand der Theologie; geboren 1981) ist Gründer und Chefredakteur der Zeitschrift "Ayasofya". Er hat verschiedene Bücher übersetzt und verfasst. Sein erstes Buch schrieb er mit 15 Jahren und mit 16 Jahren brachte er seine erste monatliche Zeitschrift heraus. Sein Aufsatz "Situation der türkischen Familien in Europa" wurde 2006 von Diyanet (DİTİB) zum "Besten Aufsatz des Jahres" gewählt. Zu verschiedensten Themen macht er Vorträge, Seminare, Fortbildungen, Konferenzen und Workshops. Er ist in verschiedenen Zeitungen und Zeitschriften als Journalist und Kolumnist tätig. Als Journalist begleitete er den deutschen Bundespräsident Christian Wulff und den türkischen Staatspräsidenten Abdullah Gül bei ihrem Osnabrück-Besuch. Şahinöz moderierte die Internet-Radiosendung "Misawa Talk". Hauptberuflich ist er in der Integrationsagentur und Familienberatung tätig. Nebenbei ist er in der türkischen Glücksspielsuchthotline tätig. In der Vergangenheit arbeitete er als Lehrer, Projektmanager, Seelsorger für muslimische Häftlinge, Übersetzer, Editor und Leiter von pädagogischen Angeboten. Seine Webseite (www.misawa.de) wurde unter 42 deutschen Islamseiten in den Bereichen "Offenheit", "Dialog", "Meinungsfreiheit", "Toleranz" und "Demokratisch" in einer Forschungsarbeit an einer Universität am besten bewertet. Als Dank und Auszeichnung für sein Engagement im Bereich Integration wurde er von Bundeskanzlerin Dr. Angela Merkel nach Berlin eingeladen und seine Arbeit auf diesem Gebiet gelobt. Şahinöz traf sich u.a. auch mit dem muslimischen Berater von Barack Obama, Rashad Hussain, und gab ihm Informationen über die Muslime und ihren Organisationen in Deutschland. Der AIB (Europäischer Arbeitgeber und Akademiker Verbandes NRW) verlieh ihm im Juni 2011 den "Akademiker- und Integrationspreis." In der Focus Ausgabe Nr. 39 (19.09.2015) wurde er als einer der intellektuellen, muslimischen Jugendlichen in Deutschland vorgestellt und als "Seelsorger" betitelt. Şahinöz ist zu dem Vorsitzender des Bündnis Islamischer Gemeinden (Dachverband der muslimischen Einrichtungen in Bielefeld) und der European Risale-i Nur Association (Dachverband der Nuruculuk Bewegung in Europa).

Kontakt: www.misawa.de
cemil@misawa.de
twitter.com/Cemil_Sahinoez
facebook.com/CemilSa
youtube.com/user/Cemil4000
instagram.com/cemilshnz

Inhalt

Vorwort 5
Kindheit und Ausbildung 6
Bekanntschaft mit der Nurculuk Bewegung 12
Trennung von der Nurculuk Bewegung 18
Teil der Nurculuk Bewegung? 26
Blütezeit der Gülen Bewegung 40
Ziele der Bewegung 50
Organisationsmodell und Struktur der Bewegung .. 55
Esoterik, Traumdeutungen und Mahdi 63
Verheimlichungen 68
Das Gülen-Imperium 71
Die Gülen Bewegung in Deutschland 78
Einrichtungen in Deutschland 88
Konflikt mit der AKP und Erdoğan 90
Putschversuch 95
Fazit 101
Literatur 104

Vorwort

Fethullah Gülen und seine Gülen Bewegung sind umstritten. Für die einen ist Fethullah Gülen ein liberaler Denker und seine Bewegung ist eine religiöse Gemeinschaft. Für die anderen ist Gülen das Oberhaupt eines Geheimbundes, der versucht, den Staat zu unterwandern. Spätestens seit den Konflikten zwischen der Gülen Bewegung und der in der Türkei regierenden AKP sind die Meinungen gespalten und es gibt viele offene Fragen.

Genau diesen Fragen wird in dieser Arbeit nachgegangen. Dabei werden die Entstehung, Struktur, Organisation und Ziele der Bewegung in Deutschland, der Türkei und weltweit untersucht. Hierzu wurden viele Personen um und aus der Bewegung interviewt und das mächtige Imperium Gülens, das aus zahlreichen Medien, Schulen, Einrichtungen aller Art und Organisationen besteht, analysiert.

Cemil Şahinöz, Bielefeld, Oktober 2016

Kindheit und Ausbildung

Fethullah Gülen wurde in dem Dorf Korucuk in Erzurum in der Türkei geboren. Sein Name auf dem Papier lautet Fetullah Gülen. Sein Geburtsjahr ist nicht genau bekannt. Während er laut staatlichen Angaben 1941 geboren ist, betonen seine Anhänger, dass er am 10.11.1938 geboren wurde, zeitgenau mit dem Tode Atatürks. Dies kann als Symbolik gewertet werden, dass seine Anhänger aufgreifen, um Gülen im säkularen Diskurs als "Nachfolger Atatürks" und im religiösen Diskurs genau das Gegenteil als "Gegner Atatürks" und Mahdi[1] darzustellen[2].

Seine Eltern wanderten von Bitlis, der Geburtsregion des islamischen Gelehrten Said Nursi (1876-1960), nach Erzurum. Erzurum war, soziokulturell gesehen, eine konservative und patriotisch ausgerichtete

---

[1] Laut den islamischen Quellen soll zur Endzeit der Welt der Mahdi kommen, um die Welt vor Unheil zu retten.
[2] Dieser Diskrepanz begegnet man in der Gülen Bewegung auch an anderen Stellen.

Stadt, an deren Madaris[3] man eine gute religiöse Ausbildung absolvieren konnte. Gülen bildete sich nicht nur theologisch weiter, sondern aneignete sich auch gute Kenntnisse in den "modernen Wissenschaften" an.

1946 ging er in die Grundschule in Erzurum. 1954 fing er eine Ausbildung in der Madrasa in Kurşunlu an. 1959 beendete Gülen seine Ausbildung und wurde Prediger bei Diyanet, der türkischen Religionsbehörde. Allerdings predigte er schon seit seinem 15. Lebensjahr in Moscheen.

Während der Zeit (1955/1956) in der Kurşunlu Madrasa findet ein Vorfall zwischen ihm und seinem Lehrer Sadi Mazlumoğlu statt. Eines Tages stürmt die Jandarmerie die Madrasa. Mazlumoğlu wird verhaftet und ins Untersuchungshaft gebracht. Dies spricht sich schnell rum und das Volk versammelt sich sofort vor der Polizeibehörde. Das Volk in Erzurum ist in Aufruhr. So etwas haben sie vorher nicht erlebt. In kürzester Zeit stellt sich heraus, dass Gülen seinen Lehrer mit der

---

[3] Die theologische Ausbildung fand damals in diesen Einrichtungen statt. Singular = Madrasa; Plural = Madaris.

Begründung, dass dieser ein Atatürk-Gegner sei, angezeigt hat (Çakır, 2014). Auch Nakip Mazlumoğlu, der Bruder von Sadi Mazlumoğlu, der bei diesem Vorfall anwesend war, bestätigt diesen Vorfall und fügt hinzu, dass sie sich nicht erklären konnten, warum Gülen so handelte (Yeni Şafak, 24.03.2014). Gülen wird nach diesem Vorfall von der Madrasa rausgeworfen. In Gülens Interview-Autobiographie "Küçük Dünyam" (Meine kleine Welt) hieß es jedoch, dass Gülen selbst die Madrasa verlassen hätte, weil sein Lehrer Sadi Mazlumoğlu sehr unerfahren und naiv sei und sie sich beide nicht verständigen konnten (Çakır, 2014). Nakip Mazlumoğlu beschwert sich daraufhin und diese Stellen werden im Buch verändert.

1961 ging Gülen zum Militär um seinen Wehrdienst abzuhalten. 24 Monate sollte sein Dienst dauern. Doch 10 Monate davon verbrachte er mit Erlaubnis außerhalb des Militärs, in dem er Vorträge gegen den Kommunismus hielt und Vereine gründete. In dieser Zeit wird wohl die Geheimorganisation Gladio, welches nach dem 2. Weltkrieg - mit großer

Wahrscheinlichkeit mit der Unterstützung der NATO - gegründet wurde und zunächst nur eine Operation gegen den Kommunismus war, auf Gülen mindestens aufmerksam geworden sein[4].

Die 60′er Jahre waren eine wichtige Zeit für Gülen. Die Anhängerschaft des berühmten Predigers wuchs. Seine Predigten wurden auf Kassetten aufgenommen und verbreitet. Der junge Gülen wurde schnell zu einem bekannten Prediger in Izmir. Von 1966 bis 1971 war er der Hauptprediger der Religionsbehörde in Izmir. Er wanderte von Moschee zu Moschee. Seine Predigten sprachen sowohl den Verstand als auch das Herz seiner Zuhörer an. So erreichte er eine breite Klientel.

---

[4] Behauptungen, laut denen Gülen ein moderner "Lawrence" sei, sind nicht haltbar. Es gibt keine Anzeichen dafür, dass er von Anfang an von bestimmten Nachrichtendiensten eingeschleust wurde. Vielmehr sprechen fast alle Indizien dafür, dass Gülen – mit großem Interesse an Nachrichtendiensten - mit Nachrichtendiensten aus verschiedenen Ländern kooperierte. Die Nachrichtendienste nutzten Gülen und Gülen nutzte die Nachrichtendienste. Es entstand eine Art Zweckgemeinschaft.

Auch in diesen Jahren passierte der berühmte Vorfall in der Moschee in Iskenderun, in dem Gülen während der Predigt von der Predigtkanzel aus den Koran auf die zuhörende Menge schmiss. Zeitzeugen, wie z.B. der Imam Hilmi Türkmen, berichten, dass Gülen sich in seiner Predigt immer mehr emotional hineinsteigerte und den Leuten vorwarf, den Koran nicht ernst zu nehmen. Daraufhin hätte Gülen den Koran in die Menge geworfen. Die Leute wären außer sich gewesen. Türkmen hätte die Leute nur schwer beruhigt, sich sofort Gülen geschnappt und zu sich nach Hause gebracht. Dort redete er auf Gülen ein und interpretierte diesen Vorfall als ein Akt von Jugendfehler und Unerfahrenheit (Mısıroğlu, 2012, S. 325). Doch der gleiche Vorfall ereignet sich später 1979 während eines Freitagsgebetes in der Karaman Moschee in Manisa-Salihli noch einmal. Ein Interviewpartner[5] berichtet von diesem Vorfall, dass Gülen während der Predigt davon sprach, dass man den Koran nicht genug wertschätz und wirft daraufhin erneut den Koran in die Menge (Şahinöz, 2016, S.109). Ein

---

[5] Für die Bücher Şahinöz, 2009 und Şahinöz, 2016 wurden mehrere Personen interviewt. In beiden Büchern geht es um die Nurculuk Bewegung und die Gülen Bewegung.

anderer Zeitzeuge berichtet ebenso von diesem Vorfall in Manisa-Salihli (Karakaya, 27.10.2014).

Bekanntschaft mit der Nurculuk Bewegung

Seine Bekanntschaft mit den Risale-i Nur Schriften, den Werken des Islamgelehrten Said Nursi, machte Gülen 1956/1957 durch Mehmet Kırkıncı, Osman Demirci und Muzaffer Arslan. Der erste Aufsatz von Said Nursi, dass Gülen in einem Lesezirkel der Nurculuk Bewegung[6] zu hören bekommt, ist das Werk "Hücümat-ı Sitte". Dieses Werk fesselte Gülen so sehr, dass er sich entschloss, regelmäßig die Risale-i Nur Lesungen zu besuchen. Doch in seinen eigenen Predigten erwähnte er Said Nursi nicht. Er scheute sich davor, da er als Beamter des Staates eingestellt war und man zu dieser Zeit mit Repressalien des Staates rechnen musste, wenn bestimmte Islamgelehrte, allen voran Said Nursi, in den Predigten genannt wurden. Für die kemalistischen Regime war Said Nursi von Anfang an ein Dorn im Auge. Also vermied Gülen dessen Namen in den Predigten.

---

[6] Zur ausführlichen Analyse der Nurculuk Bewegung siehe Şahinöz, 2009 und Şahinöz, 2016.

Wie Gülen selbst angibt, bewunderte er die Religiosität der Anhänger der Nurculuk Bewegung: „Besonders, dass Muzaffer Arslan ein Leben der Prophetengefährten führte sowie seine Schlichtheit und Aufrichtigkeit beeindruckten mich sehr. Als ich ihn sah, sagte ich, dass dies die Menschen waren, nach denen ich gesucht hatte und ich konnte mir nicht vorstellen, mich einmal von ihnen wieder zu trennen" (Erdoğan, 1995, S. 45; hier zitiert nach Agai, 2004, S. 130). In einer seiner späteren Predigten erzählt er von diesen Tagen und betont, wie ihn diese Personen durch ihren Lebensstil beeindruckten (Risale Haber, 12.12.2011).

Gülen bewunderte vor allem die Ideen der Nurculuk Bewegung zur Vereinbarkeit von Tradition und Moderne, Religion und Wissenschaft. Doch er wollte sich nicht auf die Nurculuk Bewegung eingrenzen. Je mehr er sich der Nurculuk Bewegung anschloss, desto mehr musste er von seinen eigenen Ideen zurücktreten, da diese im Konflikt mit der Nurculuk Bewegung standen. Zudem brachte ihm die Anhängerschaft zur Nurculuk Bewegung ständig Probleme mit dem Staat.

Zeitweilig musste er ins Gefängnis oder wurde von seinen Tätigkeiten als Prediger entfernt. Gleichzeitig kritisierten ihn die Anhänger der Nurculuk Bewegung für Aktivitäten, die ihrerseits nicht zu ihrer Auffassung passten.

Es gab große Meinungsunterschiede zwischen angesehenen Anhängern der Nurculuk Bewegung und ihm. Gülen befand sich zwischen zwei Stühlen. Weder wollte er sich von der Nurculuk Bewegung trennen, noch wollte er im Streit mit dem Staat sein. Noch wichtiger war es für ihn, dass er eine gewisse Vorstellung davon hatte, wie Bildung geleistet werden musste. Er hatte viele Ideen und Projekte, die er in der Nurculuk Bewegung nicht hätte verwirklichen können. Vor allem seine Ansicht, wie Hizmet (religiöser Dienst) geleistet werden sollte, entsprach nicht den Vorstellungen der Nurculuk Bewegung. Laut Gülen war die sinnvollste Art, religiösen Dienst zu leisten, Schulen zu gründen: „Weil ich Hizmet welches auf Bildung und Kultur abzielt, als sinnvoller ansehe, versuche ich mit allem, was ich kann, Menschen, die Himmet (Unterstützung der religiösen Sache) leisten, in diese Richtung zu leiten" (Gülen, 1997, B.1, S. 36; hier zitiert nach Agai, 2004, S. 232).

Die Arbeit im Bildungssektor wurde also zum İbadet (Gottesdienst). Deshalb war Gülen bestrebt darin, Schulen und Bildungseinrichtungen zu errichten. Dies machte er, in dem er finanzielle Hilfe (Himmet) sammelte. Gülen erkannte, „dass selbst reiche Menschen nicht bereit waren, viel zu spenden, sofern sie alleine und nicht in einer Gruppe waren. Aus diesem Grund berief er Versammlungen mit vielen Anwesenden ein, um so mehr Geld zu sammeln. Sein Konzept funktionierte und entwickelte sich unter seinen Anhängern zu einer Methode" (Agai, 2004, S. 140). Der "Nurculuk Kodex" jedoch, verbietet jegliche finanzielle Unterstützung von außerhalb der eigenen Gemeinschaft zu sammeln. Ja, sie verbietet sogar eine Geldspende innerhalb der eigenen Gemeinschaft, wenn diese nicht selbständig kommt und erst "gesammelt" werden muss. Gülens Methode aber, machte es möglich, dass viel Geld für Wohnheime, Bildungseinrichtungen oder private Schulen gesammelt werden konnte. Durch sein Charisma konnte er die

Menschen dazu bewegen und mobilisieren. Innerhalb der Nurculuk Bewegung führte dies aber zu Konflikten.

Parallel zu seiner Teilnahme bei der Nurculuk Bewegung baute Gülen sein eigenes Netzwerk auf und entfernte sich immer weiter von den Ideen der Nurculuk Bewegung. Gülen hatte nicht nur Beziehungen zur Nurculuk Bewegung, sondern auch zu vielen anderen Gruppen, vor allem zu Unterstützern der Türkisch-Islamischen Synthese[7]. Mit der Zeit scharte er eine bestimmte Anhängerschaft um sich, die größtenteils aus reichen Unternehmern bestand und die "Izmir Gemeinschaft" genannt wurde. Er verbreitete seine Ideen durch Kassettenaufnahmen in der ganzen Türkei. Dies war ein populistischer Schachzug Gülens. Auch dieser Populismus entsprach nicht den Vorstellungen der Nurculuk Bewegung. Eine Trennung war vorprogrammiert.

---

[7] Fethullah Gülen ist bekannt für seine Irankritik. Jedoch hat seine eigene Bewegung große Ähnlichkeiten mit dem Schiitentum. Elemente wie Ayatollah, Sündenfrei, Imamiya, Hums-Abgabe, Mahdi, Taqiyya, Assassinen-Methoden sind in beiden Richtungen mit einer großen Bedeutung präsent.

So konnte Gülen durch sein einflussreiches informelles Netzwerk seine eigene Bewegung aufbauen. Gegen Ende der 60´er sprach man schon von einer "neuen" Bewegung.

Durch seine Loslösung von der Nurculuk Bewegung entstand eine eigene Bewegung, die heute als Gülen Bewegung[8] bekannt ist und mit der Nurculuk Bewegung keine strukturellen Ähnlichkeiten hat, weder organisatorisch, methodisch noch funktional. Da jedoch Fethullah Gülen kurzzeitig[9] in der Nurculuk Bewegung war, wird seine Bewegung von einigen Außenstehenden mit der Nurculuk Bewegung verwechselt.

---

[8] In den nächsten Jahrzehnten wird seine Bewegung in der Türkei zunächst "Hizmet" (Dienst; gemeint religiöser Dienst) und "Cemaat" (Gemeinschaft; gemeint religiöse Gemeinschaft) genannt, danach nach dem Konflikt mit der AKP "Paraleler Staat" und "FETÖ Terrororganisation".

[9] Kurzzeitig und trotzdem mit reichlich Konflikten.

Trennung von der Nurculuk Bewegung

Blicken wir in diesem Hinblick auf die Bruchpunkte der Trennung zurück. Zunächst einmal war Gülen ein Angestellter des Staates. Er war ein Prediger des Diyanet, der Religionsbehörde des türkischen Staates und hatte sich von Nursis Werken fernzuhalten[10]. So wurde er nach dem Militärputsch[11] im Jahre 1960 zum ersten Mal wegen des Lesens der Werke von Said Nursi vor Gericht gestellt. Allerdings wurde er frei gesprochen.

Gülen predigte inzwischen überall im Land. Allerdings sprach er in seinen Predigten niemals von Said Nursi oder dessen Werken. Oftmals sprach er Themen aus der Risale-i Nur an, ohne aber die Quellen

---

[10] Heute gilt dies nicht mehr. Diyanet druckt inzwischen selbst die Werke von Said Nursi und verbreitet sie.
[11] Das türkische Volk hat Jahrzehnte an den Folgen von Militärputschen gelitten. 27.05.1960, 12.03.1971, 12.09.1980 und zuletzt am 28.02.1997 wurde in der Türkei geputscht. Am 27.04.2007 und am 15.07.2016 ging es ebenfalls in Richtung Putsch. Bei dem Putsch 1980 wurden 650.000 Menschen verhaftet und Tausende hingerichtet (Şahinöz, 21.07.2016).

zu nennen. Zugleich nahm er Stellung zu politischen Entwicklungen.

Das erste Anzeichen der Trennung von der Nurculuk Bewegung erfolgte 1971. Nach dem 2. Militärputsch wurden am 12. März 1971 53 Risale-i Nur Leser verhaftet. 51 der Gefangenen gaben ihre Anhängerschaft zur Nurculuk Bewegung zu. Auch Bekir Bekir, der berühmte Anwalt Said Nursis war unter den Gefangenen. Gülen und Mustafa Birlik stritten ihre Anhängerschaft ab. Gülen betonte, dass er nur teilweise Risale-i Nur gelesen hätte, und dass nur in der Rolle eines Predigers, und nicht als ein Anhänger (Erdoğan, 1995, S. 137ff). Bekir Berk war wegen dieser und anderer Aussagen sehr verärgert über Fethullah Gülen. Zum ersten Mal konnte man hier Gülens offizielle Haltung zur Nurculuk Bewegung sehen. Ein Interviewpartner für das Buch "Nurculuk Bewegung" (Şahinöz, 2009, S. 112), der damals die Gefangenen besuchte, erinnert sich an diesen Vorfall: „Es war für uns unverständlich. Wir verstanden nicht, warum Gülen verschwieg, dass er mit uns etwas zu tun hatte. Ich versuchte mit ihm zu reden, doch er hatte sich schon längst entschieden. Er wollte nichts damit zu tun haben." Mehmet Fırıncı, einer der engsten Schüler Said Nursis, ergänzt: „Fethullah Hoca (Imam; so wird Gülen in der Öffentlichkeit genannt; Anmerkung des Autors) trennte sich von uns nach dem Vorfall am 12.03.1971. Er vertiefte seine Arbeiten in seiner eigenen Gruppe. [...] Viele Reiche, die sowohl patriotisch als auch religiös gerichtet waren, unterstützten ihn" (Şahinöz, 2009, S. 112). Durch diese Unterstützungen bekam Gülen Ressourcen und Mittel, sein Netzwerk auszubreiten.

Allerdings konnte man damals noch nicht erkennen, dass dies schon die endgültige Trennung war. Man glaubte weiterhin, dass Gülen seine Beziehung zur Bewegung nur verschwieg, um seine Position und sein eigenes Netzwerk nicht zu verlieren. Es kam aber zu weiteren Konflikten und die Risse wurden immer tiefer.

Ein Zeitzeuge und Interviewpartner (Şahinöz, 2016, S. 112) aus dieser Zeit berichtet, dass sie mit Bekir Berk zu Fethullah Gülen fuhren. Der Interviewte wartet mit zwei weiteren Personen vor einem Haus. Bekir Berk geht hinein und kommt nach 30 Minuten wieder raus. Berk ist ersichtlich wütend und sagt, dass Gülen anders als die Anhänger der Nurculuk Bewegung sei und dass dessen Verhalten mit den Methoden der Risale-i Nur nicht übereinstimmt.

Die endgültige und offizielle Trennung von der Nurculuk Bewegung erfolgte 1974. Ein Jugendcamp, organisiert von Gülen, wurde mit Verdacht auf antistaatliche Propaganda gestürmt. Dieser Vorfall war am darauffolgenden Tag in der Zeitung der Nurculuk Bewegung "Yeni Asya" mit dem Titel "Nurculuk Camp gestürmt" zu lesen. Gülens Entsetzen über diese Nachricht war so groß, dass ihn Mehmet Kutlular und Mehmet Kırkıncı besuchen, um ihn zu beruhigen. Dieses Gespräch soll folgendermaßen abgelaufen sein (Aköz, Atal, 29.12.2004):

Gülen: „Wieso habt ihr es als "Nurculuk Camp" bezeichnet?"

Kutlular: „Wir nehmen an, dass Sie ein Anhänger der Nurculuk Bewegung sind."

Gülen: „Das ihr es so annehmt, ist keine Rechtfertigung dafür, es zu verbreiten. Ich verheimliche diese Identität um ein breites Publikum zu erreichen!"

Mit der Befürchtung, dass sein eigenes Netzwerk durch den negativen Ruf der Nurculuk Bewegung innerhalb des linksgerichteten Lagers Schaden erlangen könnte, verschwieg Gülen in der Öffentlichkeit seine Zugehörigkeit zur Bewegung weiterhin.

In weiteren Diskursen innerhalb der Bewegung vertrat Gülen die Idee, dass man darauf verzichten sollte, Said Nursi als die Quelle ihrer Handlungen zu nennen (Agai, 2004, S. 183). Dadurch könne man ein breites Publikum erreichen und würde den Staat nicht provozieren. Auch andere Verheimlichungen versuchte man zu legitimieren, um ein bestimmtes Ziel zu erreichen.

Gülen wurde wegen dieser Einstellungen immer unwichtiger im Netzwerk der Nurculuk Bewegung. Er verlor seine Bedeutung für die Anhänger und wurde zu einer Randfigur in der Nurculuk Bewegung. So war es die einzige Lösung, sich endgültig zu trennen.

Aus Sicht Gülens verlief diese Trennung für ihn positiv. Während die Nurculuk Bewegung einen Staatsstreich nach dem anderen zu spüren bekam, gründete Gülen, der ein charismatischer Führer ist, binnen kürzester Zeit Stiftungen und Vereine und brachte seine eigenen Zeitschriften und Bücher[12] heraus. Zudem baute er Bildungseinrichtungen[13] für angehende Studenten und Schüler auf. In diesen Einrichtungen, die heutzutage in jeder großen Stadt und in jedem Land zu finden sind, werden die Schüler auf die Universität vorbereitet. Schätzungen zur Folge gehörten 2013 20% aller solcher Einrichtungen in der Türkei der Gülen Bewegung. Allerdings fand damals und findet auch heute kein religiöser Unterricht in diesen Einrichtungen statt. Gülen und seine Anhänger spezialisierten sich nicht nur auf rein religiöse Aktivitäten sondern auch in Fragen der Bildung. So liegt die Haupttätigkeit der Gülen Bewegung

---

[12] Gülen selbst schrieb nur eine Handvoll Bücher. Die dutzenden Bücher in allen Sprachen der Welt sind transkribierte Predigten von ihm.
[13] In der Türkei werden diese Einrichtungen "Dershane" genannt.

nicht in der religiösen Unterweisung, sondern z.B. im Nachhilfeunterricht. Said Nursi und seine Werke spielen daher in dieser Bewegung keine Rolle.

Als am 12.09.1980 in der Türkei erneut geputsch wurde, bejahte Gülen diesen Staatsstreich. Gülen veröffentlichte zu dieser Zeit quasi in jeder Ausgabe seiner Zeitschrift "Sızıntı" Artikel, die das türkische Militär als Held und Retter des Volkes darstellten. Diese Einstellung deckt sich mit der Erkenntnis von Yavuz, dass manche Gruppen „ihre Relevanz und Legitimität vor dem Staat dadurch beweisen, dass sie ihren Beitrag zum Nationalismus und zur Nationalkultur herausstreichen" (2004, S. 141). Besonders Gülen hob den türkischen Nationalismus hervor und "vertürkte" den Kurden Nursi.

Als Gülen zu einem der Hauptprediger des ganzen Landes befördert wurde und in dieser Position Ende der 80´er, Anfang der 90´er in der ganzen Türkei Predigten hielt, hob er immer wieder hervor, wie notwendig die Putsche in der Türkei waren. Er predigte für die bedingungslose Unterstützung des Staates. Dies tat er auch in seinen eigenen Schriften (Gülen, 1980; Hürriyet, 03.04.1998). Es kann also davon ausgegangen werden, dass Gülen nach der Trennung von der Nurculuk Bewegung seinem Wachstum dem türkischen Staat zu verdanken hat. Dies soll nicht heißen, dass Gülen direkt mit dem Staat kooperierte. Allerdings eröffneten ihm die Regierungen alle Türen, was zum immensen Wachstum seiner Macht führte. Erbakan geht sogar davon aus, dass Gülen vom Staat nur unterstützt wurde, um die Parteien des Milli Görüş, der Bewegung von Erbakan, zu schädigen (Aras, 1998, S. 27; Aras, Caha, 2000, S. 37).

Teil der Nurculuk Bewegung?

In der Öffentlichkeit wird immer wieder diskutiert, ob Fethullah Gülen ein Anhänger der Nurculuk Bewegung ist. Gülen selbst verneint dies (Agai, 2004, S. 74, 157; Sönmez, 1999, S. 226). Auf seiner offiziellen Webseite heißt es, dass Gülen die Werke von Said Nursi gelesen haben mag, dies jedoch ihn nicht zu einem Anhänger der Nurculuk Bewegung macht. Schließlich würde Gülen auch Shakespeare und Tolstoy lesen (Aydüz, Erdoğan, 2006). In der Zeitschrift Aksiyon, welches zur Bewegung gehört, sagt er, dass er nun schon mehrmals mitgeteilt habe, dass er kein Anhänger irgendeiner Bewegung ist, auch nicht der Nurculuk Bewegung, sondern ein einfacher Muslim ist (Aksiyon Dergisi, 06.06.1998). In dem Verfahren gegen ihn, dass Aufgrund des Kassettenskandals 1999 enstanden ist, sagte er aus, dass er kein Mitglied der Nurculuk Bewegung ist und auch nicht dessen Fortführung (Ankara DGM Nr:2, Aktennummer 2000/124E). 2015, in einem anderen Verfahren gegen

Gülen, betonte der stellvertretende Staatsanwalt ebenfalls, dass die Nurculuk Bewegung und die Gülen Bewegung zwei unterschiedliche Gruppen seien. Die Gülen Bewegung sei demnach eine Organisation, die mit ihren Anhängern den Staat unterwandert und unter eigene Kontrolle bringen möchte (Sabah, 04.10.2015).

Der türkische Soziologe Emre Aköz und der Journalist Nevzat Atal (06.01.2005) kommen nach einer Analyse zum Ergebnis, dass Gülen kein traditioneller Anhänger der Nurculuk Bewegung ist. Gülen, so die Autoren, unterscheide sich hinsichtlich seiner Arbeitsweise, des Aufbaus seiner Bewegung und seiner Ziele von der Nurculuk Bewegung. So war Gülen nicht nur religiös-motiviert, sondern auch patriotisch. Dies ist eins der wesentlichen Unterschiede zwischen Nursi und Gülen. Während für Nursi die muslimische Gemeinschaft (Umma) unabhängig von Nation und Ethnie im Mittelpunkt steht, war für Gülen der türkische Islam der Mittelpunkt seiner Handlungen. „From the Balkans to China, he wants to see elites formed with Turkey as their model" (Kristianasen, 1997, S. 19). Zudem ist Türkisch eine der wichtigsten Fächer in den Schulen[14]. Jedes Jahr nehmen weltweit Tausende Schüler aus Gülens Schulen an einer selbstorganisierten "Türkisch-Olympiade" (in Deutschland unter dem Titel "Kultur-Olympiade") teil. Diese, am türkischen Staat orientierte Sicht, hätte sich aber laut Yavuz seit dem Exil in den Vereinigten Staaten zu einer liberalen und globalen Perspektive umgewandelt (2004, S. 143). Yavuz beschreibt Gülen als „Führer der mächtigsten transnationalen islamischen Bewegung. Die cemaat (Gemeinschaft; Anmerkung des Autors) von Fethullah Hoca umfasst Tausende loser Netzwerke von Gleichgesinnten" (Yavuz, 2004, S. 142). Gülens Bewegung wird vom gleichen Autor als „religiöser Nationalismus" (2004, S. 142) bezeichnet. In einem Fernsehinterview sagte Yavuz zudem: „Die Gülen Bewegung verwandelt sich zunehmend in einen Sufi-Orden. Ihre innere Hierarchie transformiert sich zu einem Orden. Auch wenn die Bewegung ihre Tradition auf die Risale-i Nur stützt, sind sie inzwischen weit entfernt von ihr. Deshalb haben sie zwar an Macht gewonnen, aber

---

[14] Religionsunterricht findet in den Schulen nicht statt, auch gibt es keine Gebetsräume. Auch der Islamische Religionsunterricht, der in vielen Bundesländern möglich ist, wird in den Schulen von Gülen, trotz überwiegend muslimischer Schüler, nicht angeboten.

dafür den Islam verloren. Durch ihre Wandlung aber, wird sich die Gülen Bewegung früher oder später auflösen. Die Nurculuk Bewegung wird aber weiterhin existieren. Letztendlich sind die Risale-i Nur Schüler und die Süleymancıs (VIKZ; Anmerkung des Autors) ein wichtiger Grund, warum es in der Türkei keine radikalen Muslime gibt" (Sky Türk, 14.07.2008). Einige Autoren in der Türkei bezeichnen Gülen zudem als aktiven Pietisten (Ergene, 2005, S. 258). Agai (2004, S. 152) bezeichnet Gülen und seine Anhänger als eigenständige Gemeinschaft.

Auch die Schüler Said Nursis haben mehrmals öffentlich zur Sprache gebracht, dass Gülen kein Anhänger der Nurculuk Bewegung und seine Bewegung kein Teil der Nurculuk Bewegung ist.

Als ein Verlag der Gülen Bewegung 2012 die Werke von Said Nursi in vereinfachter türkischer Sprache herausbrachte, entstand ein großer Konflikt zwischen der Gülen Bewegung und der Nurculuk Bewegung, die forderte, die Werke von Said Nursi im

Originalen zu behalten und durch Vereinfachung der Sprache keine eigenen Interpretationen einzubauen (Misawa, 2012, 2014). Fethullah Gülen reagierte weder auf die Forderungen der Nurculuk Bewegung noch nahm er die Gesprächsangebote der Schüler Said Nursis an. Somit zeigte er auch keinerlei Wertschätzung gegenüber den Schülern des Said Nursi, woraus schlußgefolgert werden kann, dass hier keine Verbindung und Sympathie herscht.

Der türkische Journalist Yusuf Kaplan betont, dass Gülen in der Türkei Said Nursi und im Westen Mewlana Rumi für seine Zwecke missbraucht (Kaplan, 23.07.2016). Auch Ali Katıöz, der Gülen in Manisa kennenlernte, betont, dass Gülen die Werke von Said Nursi als Mittel nutzte, um seine eigene Bewegung zu gründen (Sabah, 04.08.2016). Dieser Meinung schließt sich auch Recep Tayyip Erdoğan an, laut dem Gülen Said Nursi missbraucht hat (Risale Haber, 25.07.2016) und im völligen Gegensatz zu ihm steht (Milliyet, 02.03.2014).

Cübbeli Ahmet Hoca, einer der bekanntesten türkischen Prediger und Sufi-Anhänger hebt im Interview ebenfalls den Unterschied zwischen der Gülen Bewegung und der Nurculuk Bewegung hervor und kritisiert, dass die Anhänger der Gülen Bewegung die Werke von Said Nursi noch nicht einmal „richtig gelesen" haben (Şahinöz, 2016, S. 153ff).

Mehmet Görmez, Präsident der türkischen Religionsbehörde, macht deutlich, dass es fatal sei, die Gülen Bewegung mit der Nurculuk Bewegung zu verwechseln (Risale Haber, 30.08.2016).

Muhammed Sait Nasir, einer der Schüler Said Nursis, behauptet zu dem, dass Nursi ihn 20 Tage vor seinem Tode vor Gülen warnte, diesen als Heuchler bezeichnete und dass er (Nasir), dies öffentlich machen soll, wenn die Zeit kommt (Yeni Şafak, 27.03.2014).

Auch der Historiker Kadir Mısıroğlu gibt eine ähnliche Begebenheit wieder. Mısıroğlu saß 1971 zusammen mit Hüsrev Altınbaşak, einem der wichtigsten

Schüler Said Nursis, vier Monate in Eskisehir in Haft. Hier sol Altınbaşak ihm erzählt haben, dass Gülen kein Anhänger der Nurculuk Bewegung ist. Gülen würde die Werke von Said Nursi nur als Mittel nutzen, um seine eigene Bewegung aufzubauen. Eines Tages würde dies jeder sehen. Zudem sei Gülen heimtückisch. Immer wenn Gülen von einem Standort einer Madrasa erfahren würde, würde diese Madrasa binnen einer Woche von der Regierung gestürmt werden. Gülen würde für den Staat arbeiten, doch seine Gier würde ihn eines Tages soweit bringen, dass er auch den Staat verraten werde (Mısıroğlu, 2012).

Prof. Ahmet Keleş, der 25 Jahre Mitglied der Gülen Bewegung war, hebt hervor, dass Gülen vorgab, Said Nursis Nachfolger zu sein. Als Traumerzählungen[15] in Umlauf kommen, nach denen der Prophet Muhammed und Said Nursi vor Gülen warnen würden, würde Gülen dies in einer seiner Festtagspredigten thematisieren. Demnach sagte Gülen, dass er Nursi zwar respektieren würde, aber dass dessen Zeit abgelaufen sei und nun er

---

[15] Warum Traumdeutungen für Gülen wichtig sind, wird thematisiert werden.

selbst der "Beauftragte" sei, und seine Stimme nun zählen würde. Wäre Nursi heute noch am Leben, müsste er sich Gülen unterordnen. Auch wenn Said Nursi oder gar der Prophet Muhammed kommen würden und sagen würden, dass sein Weg der falsche sei, würde er, Gülen, beiden antworten, dass ihre Zeit beendet sei und er seinen Weg gehen werde (A Haber, 17.03.2014). Ähnliches sagt Gülen in einer Predigt, die veröffentlicht wurde. Hier sagt er, dass er dem Propheten Muhammed nicht folgen würde, wenn dieser ihm sagen würde, er solle sich zurückziehen (Kanal A, 15.08.2016).

Obwohl Fethullah Gülen 1956/1957 die Nurculuk Bewegung kennenlernte und Said Nursi erst 1960 starb, ist es höchst interessant, dass Gülen Said Nursi nie traf. Gülen war damals schon ein bekannter Prediger und er selbst sagt aus, dass ihn die Nurculuk Bewegung begeisterte. Er wollte sich damals nie von der Nurculuk Bewegung trennen. Die Wahrscheinlichkeit also, dass er Nursi in 3-4 Jahren nicht begegnet, war gering. Trotzdem kommt es tatsächlich zu keiner Begegnung. In einem Interview erläutert er, dass er Nursi nicht besuchen wollte, weil dieser einen kurdischen Hintergrund hat. Er konnte damals nicht verstehen, warum gerade ein Kurde ein so großer islamischer Gelehrte sei (Erdoğan, 1995). Gülen sei damals nationalistisch gewesen. Diese Denkweise hätte er jedoch später abgelehnt (Zaman, 09.03.1992). Dieser Interviewabschnitt aus der hauseigenen Zeitung wurde jedoch später in der Buchform nicht publiziert. An anderer Stelle berichtet Gülen ebenfalls, dass er Nursi aus Gründen seiner Ethnie nicht besuchte (Risale Haber, 27.01.2011). Aus den gleichen Grüden nimmt Gülen auch nicht an der Beerdigungszeremonie von Nursi teil. Ali Katıöz berichtet, wie er in Manisa miterlebte, wie Gülen über eine kurdische Personen leichtsinnig herzieht und diese Handlung auch noch klein redet. Katıöz bezeichnet Gülen daher als Faschisten und Kurdenfeind (Sabah, 04.08.2016).

Fethullah Gülen ist also kein Anhänger der Nurculuk Bewegung. Auch kann man seine Bewegung nicht als Teil der Nurculuk Bewegung sehen[16]. Den Unterschied zwischen der Gülen Bewegung und der Nurculuk Bewegung beschreiben Aköz und Atal folgendermaßen (06.01.2005): „Bei den traditionellen Nurcus (so bezeichnet man die Anhänger der Nurculuk Bewegung; Anmerkung des Autors) gibt es keine Hierarchie. Bei Gülen schon. Die klassischen Nurcus sind nicht "organisiert". Gülen dagegen ist höchst organisiert. Die klassischen Nurcus mischen sich nicht in die Politik ein. Gülen aber, ist mitten in der Politik. Die klassischen Nurcus setzen auf Demokratie. Bei Gülen steht der Staat als solches im Mittelpunkt."

In der Gülen Bewegung sind die Aufgabengebiete der Anhänger klar definiert. Sie arbeiten nach einem "Abi" (Bruder)–"Abla" (Schwester)-System[17], bei dem jeder ältere Bruder und ältere Schwester verantwortlich für jüngere Brüder und Schwester ist. Die älteren Brüder kümmern sich sowohl um private Angelegenheiten als

---

[16] Vielmehr bildet die Gülen Bewegung, auf Grund ihrer Verwechselung mit der Nurculuk Bewegung eine Parallelstruktur zu dieser.
[17] Oder um es wie Zarcone (2004, S. 221) zu bezeichnen „Bruderschaftsmodell".

auch um soziale Aktivitäten. Die Struktur ist nicht demokratisch, sondern militärisch hierarchisch und sehr diszipliniert aufgebaut. Die Befehlskette führt strikt von oben nach unten.

Ein weiterer Unterschied ist, dass die Bewegung Gülens auf Wort und Charisma beruht, und nicht auf einen Text, wie bei der Nurculuk Bewegung. Hierzu Fred Reed: „Where the followers of Nursi have supplanted the concept of leader with the primacy of the text, those of Mr. Gülen look to this person for guidance, not only in matters of the spirit, but in the affairs of the city" (Reed, 1999, S. 87; hier zitiert nach Karabaşoğlu, 2003, S. 295). Allerdings benutzt Gülen sein Charisma nicht direkt dafür, um seinen Anhängern Fatawa (islamische Rechtsgutachten) oder konkrete Anweisungen zu geben, sondern dies geschieht indirekt mit Geschichten aus den Predigten, an denen sich seine Anhänger orientieren.

Eins der größten Unterschiede zwischen der Gülen Bewegung und der Nurculuk Bewegung sind die unterschiedlichen Ziele, die letztendlich dazu führten, dass Gülen die Nurculuk Bewegung verlassen musste. Während das einzige Ziel der Nurculuk Bewegung es ist, den Glauben zu stärken, also auf theologischer Ebene (und nicht auf politischer Ebene), hat Gülen das Ziel, eine Elite aufzubauen, die die Türkei politisch führen soll. Soziologisch führte dieses Ziel dazu, dass sich die Gülen Bewegung verweltlichte. Nicht mehr theologische oder religiöse Themen waren Priorität, sondern rein politische. Die Nurculuk Bewegung ist jedoch höchst apolitisch und mischt sich nicht in politische Themen und Debatten ein. Auf Grund dieser großen Unterschiede sind die Methoden dieser beiden Bewegungen auch unterschiedlich.

In einer der hauseigenen, soziologischen Arbeiten über Gülen wird behauptet, dass die Nurculuk Bewegung nur eine spirituelle Unterstützung für Gülen war, nicht mehr und nicht weniger (Ergene, 2005, S. 109).

Auch an den Internationalen Risale-i Nur Symposien, die die Nurculuk Bewegung organisiert und an der seit 1995 alle Gruppen[18] der Nurculuk Bewegung teilnehmen und es so zu einem großen Meeting der Nurculuk Bewegung kommt, nimmt die Gülen Bewegung nicht teil, ja zeigt sogar bewusst eine Distanz. Dies zeigt deutlich, dass auch keine Sympathie zwischen den beiden Bewegungen füreinander herrscht.

Vor der Jahrhundertwende, als Gülen in den türkischen Medien präsent war, erwähnte er den Namen "Said Nursi" öffentlich nicht, sondern benutzte Synonyme, aus denen seine Anhänger erkennen konnten, wer gemeint war. Für Außenstehende jedoch war dies unklar. Auch werden in den Büchern Gülens wortwörtlich Nursis Gedanken wiedergegeben ohne eine Quellenangabe[19]. Ein Anhänger der Gülen Bewegung beschreibt diese Maßnahme im Interview folgendermaßen: „Wir gehören nicht zum Begriff Nurculuk Bewegung. Wir selbst geben uns den Namen `Die Erziehungsbewegung der Freiwilligen´. [...] Unser Dienst ist nicht Bestandteil des Nurculuk Begriffs. Wir

---

[18] Es gibt mehrere Gruppen innerhalb der Nurculuk Bewegung, siehe Şahinöz, 2009, 2016
[19] Siehe u.a. Gülen, 1998a, S. 174; 1997, S. 25; 1995, S. 90.

distanzieren uns insbesondere von dieser Bezeichnung. […] Hocaefendi[20] ist jemand, der die Risale-i Nur erklärt und zeitgemäß interpretiert […] Dies sollte man so bewerten, dass man die Prioritäten anders setzt. Dies ist kein Nachgeben, sondern die Beachtung der Psychologie der Gesellschaft" (Şahinöz, 2009, S. 123ff). Der gleiche Interviewpartner an anderer Stelle: „Es ist besser, wenn Sie (gemeint ist der Autor; Anmerkung des Autors) uns nicht in ihrer Arbeit (über die Nurculuk Bewegung; Anmerkung des Autors) erwähnen, da wir nicht zur Nurculuk Bewegung gehören" (Şahinoz, 2009, S. 161). Aus diesen Erläuterungen kann man schließen, dass die Gülen Bewegung auch für ihre eigenen Anhänger selbst kein Teil der Nurculuk Bewegung ist.

---

[20] Hocaefendi = "Hoca" ist die gängige türkische Bezeichnung für Imam, und "Efendi" ist im türkischen eine offizielle Anrede bzw. Titulatur für angesehene Menschen. "Hocaefendi" wird Fethullah Gülen von seinen Anhängern genannt.

Blütezeit der Gülen Bewegung

Zwischen 1994 und 1999 war Gülen in allen türkischen Medien präsent. Diese Zeit kann man soziologisch als die Zeit der Verweltlichung dieser bis dahin anscheinend religiösen Gemeinschaft bezeichnen. Kurz vorher, 1992, beendete er seine Predigerrolle. Von nun an trat er bei jeder Gelegenheit öffentlich auf und machte Statements zu gesellschaftlichen und politischen Themen. Dale F. Eickelman bezeichnet ihn deshalb als „die Antwort der Türkei auf den amerikanischen Evangelisten Billy Graham" (1998, S. 24). In dieser Zeit legte Gülen sein Pseudonym M. Abdülfettah Şahin, mit dem er Artikel verfasste, ab.

Diese fünf Jahre waren für die Gülen Bewegung eine höchst aktive Zeit[21]. Der türkische Staat duldete sie. Mehr noch, der Staat unterstützte Gülen und zeigte ihn in der Öffentlichkeit als Alternative zur wachsenden Partei

---

[21] 1995 wurde sogar für kurze Monate der Fußballverein "Nişantaşı Spor Kulübü" von der Gülen Bewegung abgekauft (Haberler.com, 22.05.2014).

Erbakans. Den in diesen Jahren wuchs nicht nur Gülen, sondern auch Erbakan und dessen Partei. Es sah so aus, als würden zwei unterschiedliche islamische Strömungen an Macht gewinnen. Gülen wurde in den Medien als "gemäßigter Islam" (Ilımlı İslam) präsentiert. Eine Inszenierung gegen "den bösen" Erbakan. Gülen, der 1995 in einem Fernsehinterview sprach, antwortete auf die Frage, warum er Erbakan und dessen Partei nicht unterstützt, dass er nicht einmal den Engel Gabriel, der als der Überbringer der Offenbarungen von Gott gilt, unterstützen würde, wenn dieser eine Partei gründen wollen würde (ATV, 23.11.1995).

In der Tat sprach Erbakan noch vor der Gründung seiner Partei u.a. auch mit Gülen. Als sich Erbakan 1968/1969 auf den Weg macht, eine politische Partei zu gründen, trifft er sich auch mit Fethullah Gülen. Nurettin Veren, der bei diesem Treffen anwesend war und bei der Gülen Bewegung jahrzehntelang eine wichtige Position innehatte, bevor er sie verließ, berichtet, dass er persönlich Erbakan zu Gülen brachte. Erbakan erzählt Gülen von seiner Idee, eine Partei zu gründen, um der religiösen Bevölkerung eine Stimme zu geben. Gülen hält dies für keine gute Idee, sagt stattdessen, dass es effektiver sei, im Stillen Menschen auszubilden und Kader zu bilden. Nach diesem Gespräch soll Gülen besonders darauf Wert gelegt haben, nicht mehr mit Erbakan zusammenzukommen. Letztendlich gründete Erbakan seine Partei und Gülen betonte regelmäßig, dass dies den Muslimen schaden werde und dass der Weg der Gülen Bewegung der richtigere sei (Veren, 07.04.2016). Gülen, der immer an der Seite des Staates seinen Platz nahm, kritisierte u.a. vor den Militärputschen 1980 und 1997 Erbakans Partei öffentlich.

In der Zeit seiner Blüte, genauer am 20.05.1995, trifft Fethullah Gülen zum ersten Mal auch Bülent Ecevit, einen langjährigen Ministerpräsidenten der Türkei. Sofort beginnt eine große Freundschaft zwischen beiden. In diesem ersten Gespräch ist Ecevit beeindruckt von den vielen Schulen von Gülen im Ausland. Ihr zweites Gespräch findet am 23.05.1997 im Gebäude des Gülen-Fernsehsenders STV statt. Nur einen Tag vor dem Treffen spricht Ecevit in einer Dokumentation über die

Vorzüge der Gülen Schulen. Während beim ersten Treffen weitere Personen anwesend sind, soll das zweite Gespräch unter vier Augen gelaufen sein. Kurze Zeit später, am 22.12.1997, verleiht die "Journalisten- und Autorenstiftung", eine Einrichtung der Gülen Bewegung", Bülent Ecevit einen Preis für sein Engagement für eine nationale Verständigung. Später, im Februar 1998, bevor Fethullah Gülen den Papst besucht, findet ein weiteres Treffen zwischen Gülen und Ecevit statt. 2006 wurde Ecevit bei der Türkischen-Olympiade, einer Veranstaltung der Gülen Bewegung, erneut ein Preis vergeben. Laut dem Journalisten Reha Muhtar, erzählt Gülen 2007 nach einem Mittagsessen von Ecevit und hebt hervor, dass, obwohl Ecevit in seinem ganzen Leben nie gefastet oder gebetet hätte, er trotzdem seine Schulen unterstütz hätte. Wenn Gott ihm (Gülen) eine Fürsprache im Jenseits ermöglichen würde, würde er diese zuallererst für Ecevit nutzen. Laut dem Journalisten Faruk Mercan, den Muhtar zitiert, ist es auch Ecevit gewesen, der dafür sorgte, dass Gülen in die USA reiste, bevor eine Anklage gegen ihn begann (Muhtar, 2012).

Auch den "Postmodernen Militärputsch" vom 28.02.1997, der sich gegen alle religiösen Gruppen in der Türkei richtete, unterstützte Gülen (Agai, 2004, S. 160ff). In Zeitungen lass man Zitate von Gülen gegenüber Erbakan wie z.B. „Ihr habt es nicht hingekriegt, also hört auf" (Hürriyet, 18.04.1997), „Auch Gülen warnt: Sagt, dass ihr es nicht geschafft habt und setzt Wahlen an" (Milliyet, 18.04.1997) und „Die Regierung soll aufhören" (Yeni Akit, 18.04.1997). Direkt nach der Neugründung der Regierung heisst es dann in der Zeitung der Gülen Bewegung "Alles Gute" (Zaman, 30.06.1997). Am 29.03.1997, nur kurze Zeit nach dem Putsch, erklärte Gülen im Interview auf STV, dem Fernsehsender der Gülen Bewegung, noch einmal, wie notwendig der Putsch war (STV, 29.03.1997). Auch im Interview mit dem Fernsehsender Kanal D am 16.04.1997 erklärt er, dass das Militär, welches putschte, demokratischer sei als Erbakan (Kanal D, 16.04.1997). Auch Jahre später, antwortete er auf die Frage, ob dieser Putsch die Türkei um Jahre zurückversetzte, dass dies nicht der Fall sei, sondern im Gegenteil, dass es die Verankerung der Demokratie beschleunigt hätte (Ünal, 2001, S. 64).

Weiterhin unterstützte er den Putsch von 1997, in dem er den Verbot der Refah Partisi (der Partei Erbakans) unterstützte (Barlas, 2000, S. 68-71; Erkoca, 2000, S. 75; Aras, Caha, 2000, S. 37), die Maßnahmen gegenüber der religiösen Schulen (İmam Hatip) legitimierte (Çalışlar, 2001, S. 149), von seinen Sendern kopftuchtragende Frauen verschwanden (Agai, 2004, S. 171), er sich gegen Proteste von kopftuchtragenden Studentinnen stellte, das Kopftuch als Nebensächlichkeit beschrieb und behauptete, dass man sich für die Bildung entscheiden soll, wenn man vor der Frage steht „Kopftuch oder Universität?" (Agai, 2004, S. 161; vgl. Hermann, 1996, S. 41). Gülen relativierte später seine Meinungen und sagte, dass diese vom Kontext gerissen seien (Iftiralaracevap.com). Der Lions-Club lobte ihn jedoch für diese Einstellungen und bezeichnete ihn als „laizistischer und moderner als wir" (Çalışlar, 2001, S. 149). „Bedingungslos unterstützte er alle staatlichen Maßnahmen gegen das, was der Staat als İrtica (religiöse Reaktion) bezeichnete, selbst in Fällen, wo klar war, dass die Staatsorgane den Boden der Demokratie und Rechtsstaatlichkeit" oft verließen (Agai, 2004, S. 161).

Gülen verwandelte sich zum religiösen Sprachrohr des Staates und stritt sogar jede Verbindung zu den Bildungseinrichtungen, die seine Anhänger errichtet hatten, ab[22]. Die religiöse Community aber war entsetzt von dieser Haltung. Die Verkaufszahlen von der hauseigenen Zeitung Zaman fielen auf einen Tiefpunkt. Zunehmend fiel Gülen in Widersprüche.

Der Grund für die vielen Wiedersprüche ist, dass Gülen stets zwei Zielgruppen bedient. Beide Zielgruppen haben unterschiedliche Erwartungen. Im säkularen Diskurs (nach außen) legitimiert Gülen seine Handlungen mit der Furcht vor dem islamischen Fundamentalismus und im religiösen Diskurs (nach innen) mit Verschwörungstheorien (Agai, 2004, S. 229, 257). Auch die Begriffe und Semantiken im Diskurs ändern sich. Während man im religiösen Umfeld von İman (Glauben) spricht, benutzt man im säkularen Umfeld die Begriffe Moral und Ethik. Auch die Verhaltensformen, je

---

[22] Paradoxerweise machte er sich aber zum Sprecher der Schulen, in dem er behauptete, dass man bereit sei, 300 Schulen im In- und Ausland dem türkischen Bildungsministerium zu übergeben (Hürriyet, 23.12.1997). Hier ist schon deutlich, welchen Einfluss und welche Rolle er für diese Schulen spielt (Agai, 2004, S. 161).

nachdem, in welchem System man sich gerade befindet, ändern sich. Dementsprechend besteht auch die Kritik gegenüber der Bewegung aus zwei gegensätzlichen Meinungen:

Kritik - Säkularer Diskurs	Kritik - Religiöser Diskurs
Stille Islamisierung	Verweltlichung
Unterwanderung	Macht
Paralleler Staat	Religion nur noch sekundär
Antiwestlich	Pro-Amerikanisch
Taqiyya (Furcht, Vorsicht; gemeint: Verheimlichung des Glaubens)	Taqiyya (Furcht, Vorsicht; gemeint: Verheimlichung des Glaubens)

Doch die Liebe des Staates zu Gülen sollte ein Ende haben. Nachdem keine Verwendung mehr für Gülen war, wurde er nach einem Staatsstreich zum

Staatsfeind erklärt. Am 18.06.1999 wurde auf dem nationalen Sender ATV ein Video von 1993 abgespielt[23], in dem Gülen seinen engsten Anhängern sagt, man müsse den richtigen Zeitpunkt abwarten, bis alle Posten des Staates eingenommen sind, damit man das System verändern kann. Diese Botschaft von ihm solle man vertraulich behandeln (ATV, 18.06.1999)[24]. Gülen entschuldigte sich öffentlich und gab an, die Videos wären „zu Recht geschnitten". Es sei alles eine Intrige und ein Erpressungsversuch (Akman, 2004). Gülen befand sich zu dieser Zeit schon in den USA, er war am 31.03.1999 geflogen[25]. In der Türkei wurde er vom Staatsanwalt Nuh Mete Yüksel angeklagt. Bis heute hat Gülen die Türkei nicht mehr betreten und lebt in Saylorsburg, Pennsylvania[26].

---

[23] Man geht davon aus, dass General Kemal Yavuz die Videos einreichte (Barlas, 2000, S. 23).
[24] In einem anderen Video, das später veröffentlicht wurde, sagt er, dass er schon mit 20 Jahren geplant hat, die Regierung zu stürzen und anstelle dieser eine andere zu installieren (Sabah, 18.08.2016).
[25] Gülen hatte stets gute Beziehungen zur USA. Um es mit dem Kommunismus aufzunehmen unterstützte die USA die Verbreitung der Gülen Schulen, vor allem in den russisch-sprachigen Ländern.
[26] Zunächst erhält Gülen kein Visum. Es folgt ein langjähriger juristischer Streit. Gülens Anwalt teilt in Schreiben mit, dass Gülen außerordentliche Talente besitzt und es wichtig und für die USA von Vorteil sei, wenn dieser in den USA bleibt. Referenzen bekommt er

Die Bewegung verschwand schlagartig wieder aus der Öffentlichkeit. Nach diesem Streich saß Gülen plötzlich in einem Boot mit den anderen islamischen Gruppen, die beim Putsch 1997 einen hart Schlag erlebten und von Gülen kritisiert wurden. 4 Jahre nach dem "Kassettenskandal", am 10.03.2003, entschied das Gericht, das Verfahren vorläufig einzustellen. Am 24.06.2008 wurde Fethullah Gülen schließlich freigesprochen. Mehmet Ali Birand, einer der bekanntesten Nachrichtensprecher als die Gülen-Kassette veröffentlicht wurde, sprach Juni 2011 in einem Fernsehinterview davon, dass damals für sie als Medien nicht das Parlament oder die Demokratie wichtig gewesen sei, sondern was das Militär sagte. Sie seien so erzogen worden. So sei es normal gewesen, dass die Kassette von Gülen veröffentlicht wurde, weil es das Militär so wollte (CNN Türk, 02.06.2011).

---

von 30 bekannten Persönlichkeiten, wie z.B. Yıldırım Akbulut (Ex-Ministerpräsident der Türkei), Mehmet Sağlam (Ex-Bildungsminister der Türkei), George Fides (Ex-CIA Direktor), Graham Fuller (Ex-CIA Vizepräsident) und Morton Abramowitz (Ex-Ankara Botschafter der USA) (Hürriyet, 09.05.2014). Juli 2008 wird Gülens Visumantrag genehmigt.

Ziele der Bewegung

Hauptziel Gülens war es, eine Elite auszubilden. So hat die Bewegung ca. 400 Privatschulen in über 160 Ländern der Welt[27]. Laut Interviewpartner sollen 150 davon in der Türkei sein und ca. 250 außerhalb der Türkei[28]. Die meisten dieser Schulen sind in Ländern der ehemaligen Sowjetunion, wie z.B. Usbekistan. Da keine religiöse Unterweisung in den Schulen stattfindet, besuchen auch Nichtmuslime die Schulen. „Vorwürfe, die Schulen wären eine Rekrutierungsinstitution für Islamisten, hielten bisher keiner ernsthaften Überprüfung stand" (Posch, 2005, S. 175). Wie aber schon erwähnt, wurden seine Schulen in Ländern der ehemaligen Sowjetunion von den USA unterstütz, um es mit dem Kommunismus aufnehmen zu können. Auch Graham Fuller, ein ehemaliger CIA-Vizechef, machte öffentlich

---

[27] Die erste Schule wurde im November 1991 in Aserbaidschan eröffnet. Die Charter Schulen in den USA gehören zu den wichtigsten Einnahmequellen der Bewegung.
[28] Somit hat die Gülen Bewegung mehr Auslandsschulen als einige Länder der Welt.

immer wieder deutlich, dass man die Gülen Bewegung unterstützen müsse (Neue Zürcher Zeitung, 21.06.2010).

Die Bewegung unterhält keine Moscheen. Es existieren in vielen Städten der Welt Bildungseinrichtungen (Dershane), in denen Hausaufgabenhilfe und Nachhilfeunterricht angeboten werden. 150 davon soll es in der Türkei geben.

Desweiteren gehören die Işık Evleri (Häuser des Lichtes; plural) zu den Einrichtungen der Bewegung. Diese Einrichtungen nahmen den Platz der klassischen Madaris ein. In der Öffentlichkeit dementiert Gülen die Zugehörigkeit dieser Häuser zu seinem Netzwerk. Das erste Işık Ev (Haus des Lichtes; singular) wurde 1979 gegründet. In diesen Einrichtungen werden die Werke von Gülen gelesen und Audio- und Videoaufnahmen von ihm gehört und geguckt. „Gülen ist das Zentrum seiner eigenen cemaat (Gemeinschaft; Anmerkung des Autors) geworden. So wird in den USA in seiner Gegenwart immer wieder aus seinen Schriften vorgelesen, die er dann erläutert. Die Autorität, die früher den Risales (im

Türkischen wird der Begriff Risales als Plural und Abkürzung für die Werke Said Nursis Risale-i Nur benutzt; Anmerkung des Autors) zukam, kommt in seiner cemaat heute seinen eigenen Texten zu" (Agai, 2004, S. 165).

Zudem setzt Gülen auf ethische und moralische Werte und strebt eine charakterliche Erziehung an. Er geht davon aus, dass Moral nicht in Form von Unterricht gelehrt werden kann, sondern gelebt werden muss, um es transportieren zu können. Über die Bedeutung des Wissens sagt er: „Da das "reale" Leben nur mittels Wissen möglich ist, sehen jene, die das Lernen und Lehren vernachlässigen, aus wie tot, selbst wenn sie noch am Leben sind. Denn der Mensch ist erschaffen worden, um zu lernen und anderen das mitzuteilen, was er gelernt hat" (Gülen, 1998b, S. 9; hier zitiert nach Agai, 2004, S. 12).

Gülen besuchte zweimal den orthodoxen Patriarchen Bartholomeos in Istanbul und am 9. Februar

1998 den Papst Johannes Paul II. in Rom²⁹ und erhielt eine Einladung eines Rabbis aus Israel. In Berlin baut die Gülen Bewegung das "House of One". Der Gebäudekomplex soll eine Moschee, eine Kirche und eine Synagoge werden. Für dieses Projekt erhielt die Bewegung 3,4 Millionen Euro Fördermittel. „We can build confidence and peace in this country (Türkei; Anmerkung des Autors) if we treat each other with tolerance", sagte er in einem Interview für Reuters (Bell, 1995). Gegenüber der Turkisch Daily News (1995; hier zitiert nach Aras, Caha 2000, S. 32) machte er folgende Aussage: „No one should condemn another for being a member of a religion or scold him for being an atheist." Als Antwort auf Dialogkritiker werden in den Medien Fethullah Gülens (z.B. im Fernsehsender STV und in der Zeitung Zaman) von Dialogveranstaltungen und ihren positiven Ergebnissen berichtet. Interessant ist, dass Gülen schon mit jungen Jahren Dialog betrieben hat. Am

---

[29] Gülens Besuch in Rom wurde von einigen Kreisen in der Türkei kritisch betrachtet. Es ging weniger um den Besuch des Papstes, als vielmehr um die Vertreterrolle Gülens, das kritisiert wurde. Demnach dürfe Gülen nicht in der Rolle eines Vertreters oder Oberhauptes der Muslime den Papst besuchen (vgl. Barlas, 2000, S. 17).

06.05.1965 schreibt er dem armenischen Patriarchen Şinork Kalustyan einen Brief und bezeichnet die Vorfälle von 1915 schon damals als Völkermord.

Organisationsmodell und Struktur der Bewegung

Die Anhängerzahl der Bewegung ist nicht erfassbar. Die Zahlen variieren zwischen 200000 und 4 Millionen (Tempo, 1997; Barlas, 2000, S. 143). Die eigene Schätzung der Bewegung liegt bei 6 Millionen weltweit (Çakır, 2007).

Interessant ist, dass Fethullah Gülen in keinem der Schulen, Institutionen, Medien oder Stiftungen eine formale Stellung einnimmt, höchstens als Ehrenvorsitzender. Gülen hierzu „Ich habe zu ihnen weder eine organische noch materielle Verbindung" (Çalışlar, 2001, S. 38; hier zitiert nach Agai, 2004, S. 157). Er ist nicht in die organisatorische Hierarchie integriert. Offiziell gehört er keinem der Organe an. Weder gibt er konkrete Anweisungen, noch ist er persönlich im Bildungsbereich seiner Anhänger tätig (Agai, 2004, S. 12). Daher spricht man von einer zivil-dynamischen Organisation der Bewegung (Ergene, 2005, S. 55), die ohne Gülen formell einzubauen, agiert.

Es ist nicht genau möglich, den Organisationstyp dieser Bewegung zu bestimmen, da Organisationskriterien wie z.B. Organisationsziel, geregelte Kommunikationswege, Verantwortlichkeiten, Kompetenzen, Autoritätsbeziehungen oder eingrenzbare Mitgliederschaft für die Öffentlichkeit fehlen und die Einrichtungen der Bewegung in ihrem jeweiligen Kontext lokale Unterschiede aufweisen (Agai, 2004, S. 20). Auf Grund dieser losen Netzwerkstruktur und fehlender Mitgliederstrukturen ist die Bewegung schwer erfassbar.

Es wird davon ausgegangen, dass die Bewegung organisatorisch hierarchisch straff strukturiert ist. Die Koordinierung erfolgt durch lose, informelle und interne Netzwerke. Hierzu gibt es Imame, die für Kontinente, Staaten, Bundesländer, Regionen verantwortlich sind. Die Bezeichnung Imame wird verwendet, nicht weil diese Personen tatsächlich theologisch ausgebildete Imame sind, sondern wegen der Predigervergangenheit Gülens. Diese Imame koordinieren die Aktivitäten der

Bewegung. Die Struktur ist nicht nur für Außenstehende sondern auch für die Mitglieder der eigenen Bewegung, die in dieser Hierarchie nicht involviert sind oder im System keine Aufgaben erfüllen, nicht transparent. Verglichen wird dieses System öfters mit dem System von Geheimbunden, wie z.B. von Freimaurerlogen. So kann man hier von einer islamischen Version von Opus Dei sprechen. Aussteiger bestätigen diesen Eindruck (Haber10, 31.12.2013)[30].

Wenn man sich die Struktur als Pyramide vorstellt, sitzt Fethullah Gülen ganz oben, danach kommen in dieser Reihenfolge die Kontinentimame, Länderimame, Bundesländerimame, Landkreisimame, lokale Imame und Imame der einzelnen Işık Evleri. Die Mitglieder in der Basis wissen öfters nicht, von wem der Imam oder "Bruder"/"Schwester", so nennt die Basis die

---

[30] Recep Tayyip Erdoğan verglich (Milliyet, 14.01.2014) die Gülen Bewegung mit der Assassinen Bewegung des schiiten Hasan bin Sabbah, das von 1090 – 1273 in Persien und in Syrien aktiv war. Diese Bewegung war sowohl eine ismailitische Religionsgemeinschaft als auch eine politische Organisation. Ihre Anhänger betäubten sich mit Drogen und waren bekannt für Mordattentate auf politische Gegner.

regionalen Koordinatoren, beauftragt wurde, wer sie wie bestimmt oder zurückzieht. Von den Anhängern wird stest höchste Gehorsam erwartet. Es wird in das Privatleben des Einzelnen eingegriffen und alltägliche Handlungen werden kontroliert, so dass eine intensive Sozialkontrolle entsteht.

Gleichzeitig gibt es für verschiedene gesellschatliche Systeme – wie z.b. Militär, Polizei, Politik, Bildung, Sport – verantwortliche Imame. So bildet die Gülen Bewegung, im Gegensatz zu allen anderen islamischen Gruppierungen, keine Theologen oder Imame aus, sondern Lehrer, Pädagogen, Polizisten, Anwälte usw, die dann in ihren jeweiligen Positionen im Namen Gülens handeln. In der Türkei wird genau diese Haltung kritisiert. Nurettin Veren (2007) gab an, dass in der Türkei 45% des Militärs, 75% der Beamten und 60% des Gerichtswesens Gülenanhänger sind. Um diese Unterwanderung zu beschleunigen, wird von einigen Seiten, wie z.B Aussteigern (Haber10, 31.12.2013), ausgesagt, dass Universitätsprüfungen und

Eingangsprüfungen im Vorfeld von der Gülen Bewegung an die eigenen Mitglieder verteilt wurden.

WikiLeaks-Enthüllungen belegen, dass auch etliche US-Diplomaten (wie z.B. Robert Pearson (2000-2003) am 11.03.2003, Eric Edelman (2003-2005) am 07.04.2005, Deborah K. Jones (2005-2007) am 23.05.2006 und James Jeffrey (2008-2010) am 04.12.2009) der US-Regierung mitteilen, dass Gülen überall im Staatssystem der Türkei ist, auch im Militär. Interessant ist das Schreiben von Jeffrey, der ausdrückt, dass es unmöglich ist, zu beweisen, dass die Gülen Bewegung die Polizei kontrolliert, dass sie (die US-Botschaft) aber niemanden getroffen haben, der dies bestreitet (The Kansas City Star, 11.08.2016).

In einem Interview mit Gülen gibt er selbst Hinweise darauf, dass er einflussreiche "Freunde" hat, die ihn mit Informationen versorgen, um ihn u.a. zu beschützen (Sabah, 26.01.1995). Auch Ilıcak, die der Bewegung nahe steht, schreibt, dass Gülen sehr viel Wert auf die Nachrichtendienste legt und sogar die ehemaligen

Ministerpräsidenten Tansu Çiller und Mesut Yılmaz vor dem Putsch 1997, von dessen Plänen er mitbekommt, warnte. Die beiden Ministerpräsidenten sollen sich gewundert haben, woher Gülen diese Informationen bekommt (Ilıcak, 03.09.2010). So geht man davon aus, dass Gülen auch im Nachrichtendienst der Türkei eigene Mitglieder hat, die ggf. der Bewegung Informationen überliefern. Der Vorwurf gegenüber der Bewegung, dass sie Tausende Telefonate in der Türkei abgehört haben soll, erhärtet diese Annahme.

Ein ehemaliges Mitglied der Bewegung sagt im Interview aus, dass Entscheidungen nicht wirklich gemeinsam getroffen werden. Die Imame, die eine Stufe höher stehen, geben die Anweisungen an die Imame der unteren Stufe weiter. Diese Imame kommunizieren in ihrer Region mit den Anhängern der Bewegung, die vermeintlich Entscheidungen mitbestimmen. Es wird ihnen deutlich gemacht, welche Entscheidung in der nächsten Sitzung getroffen werden sollte. In der eigentlichen Sitzung, in der dann eine Entscheidung getroffen wird, wird zunächst oberflächlich diskutiert und dann die Entscheidung getroffen, die zuvor sowieso vom Imam aus der oberen Stufe als Anweisung gegeben wurde (Şahinöz, 2016, S. 129). Hier wird ganz deutlich, wie die hierarchischen Strukturen aufgebaut sind, welche strikten Regeln es gibt, die Anhänger auf der lokalen Ebene praktisch entmündigt werden und keine Handlungsfreiheit haben.

Der gleiche Interviewpartner beschreibt auch, wie Geld und Spenden eingesammelt werden. In den sogenannten Himmet (Unterstützung der religiösen Sache)-Sitzungen versammeln sich vor allem örtliche Unternehmer. Bevor es zu den Spendeneinsammlungen kommt, wird ihnen zunächst eine religiöse Unterweisung erteilt. Inhalt dieser "Predigt" ist Spendabilität. Bevor es jedoch zu dieser Art von Sitzungen kommt, wird mit einigen der Teilnehmer dieser Sitzungen im Vorfeld gesprochen und ihnen klar gemacht, wie wichtig es sei, wenn sie an diesem Abend aussagen, eine bestimmte hohe Summe spenden zu wollen. Dies würde dann die anderen Teilnehmer motivieren auch zu spenden. Ob die Personen, die zum Motivieren eine Spendenaussage machen, auch tatsächlich im Nachhinein spenden, sei laut Interviewpartner nicht so wichtig (Şahinöz, 2016, S. 144ff). Hier ist also eine eindeutige Manipulation am Werk.

Auch sonst würde man mit Zahlen tricksen. Laut dem ehemaligen Mitglied der Bewegung, würde man z.B. bei den Kultur-Olympiaden die Zahlen der teilnehmenden Nationen künstlich erhöhen, in dem man einige Teilnehmer für andere Länder, die nicht vertreten sind, ins Rennen schickt (Şahinöz, 2016, S. 145).

Esoterik, Traumdeutungen und Mahdi

Esoterische Grundzüge zeigt die Bewegung ebenfalls auf. Geheimnisse, Flüche, Träume spielen immer wieder eine gewichtige Rolle in der Bewegung.

Besonders Träumen wird großen Wert gelegt. Sogar die Unterstützung Recep Tayyip Erdoğans zu Anfangszeiten ist auf einen Traum von Gülen zurückzuführen (Time Türk, 30.12.2013). Auch Träume in die gegensätzliche Richtung, nach denen Erdoğan nicht mehr unterstützt wird, werden ebenfalls im Nachhinein erzählt, z.B. dass im Traum Recep Tayyip Erdoğan vom Propheten Muhammed geohrfeigt wird (Güler, 2014). Erzählungen davon, dass der Prophet Muhammed im Traum von gleich drei Personen der Bewegung erschienen ist, und befohlen hat, die Anzahl der Tweets zu verdoppeln (Time Türk, 30.01.2014) oder dass in den eigenen TV-Serien der Prophet Muhammed erscheint (Sabah, 11.02.2014) erhärten den Eindruck von esoterischem Verhalten, wofür die Religion - und immer wieder der Prophet Muhammed - missbraucht wird.

Dies wird auch in der Aussage Gülens deutlich, demnach der Prophet Muhammed an den Türkisch-Olympiaden der Bewegung teilgenommen haben soll (Güler, 2014). In einer anderen Predigt sagt Gülen, dass der Geist des Osmanischen Sultans Murat II. (1403-1451) ihn zum Morgengebet weckte (Yeni Akit, 27.08.2016).

Laut dem Psychologen Alfred Adler sind Träume von den Lebenszielen einer Person nicht zu trennen. Unsere Ziele beeinflussen unsere Träume. Unsere Träume, die Symbolik in den Träumen, wiederum interpretieren wir dann entsprechend unserer Lebensziele. Auch Gülen interpretiert seine Träume entsprechend seiner Ziele. Er sieht in seinen Träumen also nicht wirklich den Propheten, sondern, weil er sich vorstellt, dass der Prophet so handeln würde, "steckt" er den Propheten in seinen Traum (Medya Gündem, 17.02.2014).

In der islamischen Literatur geht man davon aus, dass zu Endzeiten, vor dem Weltuntergang, der Prophet Jesus wiederkehren und ein Mahdi als Retter kommen wird. In vielen Aussagen von ehemaligen Mitgliedern der Bewegung wird angegeben, dass Anhänger der Bewegung davon ausgehen, dass Gülen der Mahdi oder der zurückgekehrte Jesus ist. Ali Katıöz z.B., der in der Stadt Manisa war, als Gülen dort für zwei Jahre als Prediger tätig war, berichtet, dass er schon damals in einem Gespräch mit Gülen darauf aufmerksam machte, dass ihn alle für Jesus halten. Katıöz sagt ihm, dass er dieses Missverständnis aus dem Weg räumen soll. Gülen soll jedoch nur rhetorisch und oberflächlich[31] geantwortet haben, dass man sündigt, wenn man einen Propheten als Nichtpropheten bezeichnet oder einen Nichtpropheten als Propheten. Deswegen macht Katıöz Gülen persönlich dafür verantwortlich, dass sich solche Gerüchte verbreiteten (Sabah, 04.08.2016).

---

[31] Wie schon erwähnt sind Gülens Aussagen auch in den Predigten immer wieder oberflächlich, so dass man sie mehrdeutig verstehen kann.

Gülen benutzt den Beinamen "Muhammed Fethullah" und betont indirekt, dass die Wurzeln seiner Eltern zum Propheten Muhammed zurückführen (Erdoğan, 1995, S. 33). Damit führt er konsequenterweise auch seine eigene Genealogie zum Propheten. Dies ist im islamischen Kontext, vor allem im Diskurs, ein wichtiger Aspekt. Das Privileg zur "Familie des Propheten" zu gehören, erbringt einen argumentativen Vorteil gegenüber anderen und ist ausschlaggebend für die eigene Legitimität. Für die Anhänger von Gülen ist dies ein Grund für die Erstellung einer Hagiographie. Die Tatsache, dass Gülen unverheiratet ist, bestärkt seine Stellung im Diskurs, da dies als Aufopferung des weltlichen Lebens bewertet wird.

In den Predigten von Gülen geht es meistens um historische Ereignisse aus der Zeit der Prophetengefährten[32]. Mit solchen Geschichten versucht

---

[32] Die Emotionalität wird dadurch erzeugt, dass Gülen öfters in seinen Predigten selbst weint. Der Islamgelehrte Ghazali hier zu: "Wenn ein Prediger versucht, das Volk zum Weinen zu bringen oder dass sie enthusiastisch werden, wisset, dass dieser Mann ein Unwissender ist."

er die Gegenwart, zumeist den Zustand der eigenen Bewegung, zu interpretieren. Dies macht er jedoch extrem oberflächlich. Nie wird man in einer Predigt von Gülen direkte Anweisungen, gegenwärtige Geschehnisse, Orte oder Namen hören. Durch die Erzählungen aus der Vergangenheit gibt er indirekt Handlungsanweisungen für die Gegenwart. So ist es jederzeit möglich, zu sagen, dass eine Aussage nicht so gemeint war. Seine Anhänger jedoch, vor allem die Imame in der Hierarchie, wissen ganz genau, was zu tun ist.

Verheimlichungen

Die älteste Kritik, die der Gülen Bewegung immer wieder vorgeworfen wird, ist die Verheimlichung (taqiyya). Laut diesen Vorwürfen erlaubt es die Bewegung seinen Anhängern ihre Religiosität zu verschleiern, so dass man ihnen nicht anmerkt, ob sie praktizierende Gläubige sind oder nicht. Im Bereich des Gebetes, Kopftuches oder Alkohols gibt es laut ehemaligen Anhängern große Flexibilität, was klar gegen die islamische Lehre spricht. Auch hierzu werden Erzählungen aus der Vergangenheit uminterpretiert (Taşgetiren, 2016) und so eine Legitimation für die Verheimlichung hergestellt.

Wie wir aus der Biographie gesehen haben, verheimlichte Gülen selbst auch, dass er die Werke von Said Nursi las, um dafür nicht bestraft zu werden. Um bestimmte Ziele zu erreichen, wurden Verheimlichungen also legitimiert.

Die Verheimlichung wird in Teilen sogar als Opferbereitschaft deklariert. Man opfere seine eigenen Werte, um für die Allgemeinheit ein bestimmtes Ziel zu erreichen.

Ein anderer Punkt, der mit Verheimlichung zusammenhängt, ist die Tatsache, dass kein Gülen Anhänger oder eine Gülen Einrichtung jemals sagt, dass sie zur Gülen Bewegung angehören. Das höchste, was man jemals hört, ist die Aussage, dass man mit Gülen sympathisiert oder von ihm inspiriert wurde. Auch in den einfachsten Alltagssituationen wird die Zugehörigkeit zu Gülen verschwiegen. Diese unnötige Verheimlichung und fehlende Transparenz führt vielerorts zu Misstrauen, sowohl unter Muslimen als auch unter Nichtmuslimen.

Viel Kritik von Seiten der anderen islamischen Gruppen bekommt die Gülen Bewegung in Bezug auf innermuslimische Missionierung zu spüren. Viele meiner Interviewpartner (Şahinöz, 2009, 2016) beklagen sich über die Anwerbung von Seiten der Gülen Bewegung. Die Anhänger der Gülen Bewegung würden stets

Ausschau nach erfolgreichen Jugendlichen und Unternehmern halten und versuchen diese für ihre Gruppe zu gewinnen. Dabei spiele es Desöfteren keine Rolle, ob diese Personen schon zu anderen Gemeinschaften gehören oder nicht.

Nach dem Kassettenskandal von 1999 änderte sich die Semantik der Gülen Bewegung etwas, z.B. wurde plötzlich in den Predigten von Said Nursi gesprochen oder auf den Internetseiten tauchten Informationen auf, die vorher als unwahr erklärt wurden. In den populistischen Publikationen jedoch, wird weiterhin eine ganz andere Biographie Gülens vorgestellt. So erscheint in den eigenen Biographien (STV, 13.12.2005) eine "andere" Biographie, als die von mir und vielen andere skizzierte. Hauptsächlich wird Gülens Vergangenheit vor den 80'ern sehr lückenhaft wiedergegeben. Auch Agais Untersuchungen (2004) ergeben, dass die Zeit zwischen 1971 und 1994 in den eigenen Veröffentlichungen übersprungen wird.

Das Gülen-Imperium

Wie schon erwähnt gehören 400 Privatschulen weltweit zur Gülen Bewegung. Hinzu kommen einige tausend Vereine, Bildungseinrichtungen, Işık Evleri und andere Organisationen.

Die erste Zeitschrift der Gülen Bewegung kam im Jahre 1978 raus und heißt "Sızıntı" (die deutsche Ausgabe heißt "Fontäne" und die englische "Fountain"). Hier schrieb Gülen mit dem Pseudonym[33] M. Abdülfettah Şahin Artikel, die das Militär der Türkei in höchsten Tönen lobten[34]. Dieser Zeitschrift folgten dutzende Zeitschriften, Medien und Einrichtungen[35]:

---

[33] Nicht nur Gülen, sondern viele andere Personen, die in der Bewegung eine hohe Position haben, nutzen Pseudonyme.

[34] Auch Nursi lobt in seinen älteren Schriften das Militär (1995b, S. 110-114), jedoch mit ganz anderen Absichten und warnt sie davor, in die Politik einzugreifen (1995b, S. 113).

[35] Im Folgenden sollen Medien, Einrichtungen usw. genannt werden, die der Gülen Bewegung zugerechnet werden. Da es keine formale Struktur gibt und Gülen organisatorisch in keiner Einrichtung oder keinem Medium auftaucht, spricht man von "zugerechnet". So soll der folgende Abschnitt verstanden werden.

Zeitschriften: "Sızıntı", "Yeni Ümit" (Neue Hoffnung), "Aksiyon" (zeitweise auflagenstärkste Wochenzeitschrift in der Türkei), "Gonca", "Ekoloji", "Yağmur" (Regen), "Arkadaşım" (Mein Freund), "Ailem" (Meine Familie), "Diyalog Avrasya", "Akademik Araştırmalar Dergisi", "Asya Pasifik", "Bisiklet Çocuk", "Ekolife", "Gül Yaprağı", "Nokta", "Zirve Dergisi", die deutschen Zeitschriften "Die Fontäne" und "Die Zukunft", welche im Sommer 2006 erstmals erschien, die englische Zeitschrift "Fountain", die russische Zeitschrift "Novive Grani", die arabische Zeitschrift "Hira", die französische Zeitschrift "Cascade".

Verlage: "Şahdamar", "Zaman Kitap", "Ufuk", "Define", "Gülyurdu", "Işık Akademi", "Işık", "Kaynak", "Nil", "Rehber", "Sütun", "Yitik Hazine", "Burak Basın Yayın Dağıtım", "Dolunay Eğitim Yayın Dağıtım", "Giresun Basın Yayın Dağıtım", "GYV", "Işık Özel Eğitim Yayınları", "İklim Basın Yayın Pazarlama", "Kaydırak Yayınları", "Kervan Basın Yayıncılık", "Kuşak Yayınları", "Sürat Basın Yayın Reklamcılık ve

Eğitim Araçları", "Ufuk Basın Yayın", "Haber Ajans Pazarlama", "Yay Basın Dağıtım", "Yeni Akademi", "Zambak Basın Yayım", Kinderverlage "Altınburç", "Gonca" und "Muştu", kurdischer Verlag "Wesanxane Nil", englischer Verlag "Blue Dome Press", arabischer Verlag "Daral Nile", französischer Verlag "Editions Du Nil", spanischer Verlag "Editorial La Fuente", deutscher Verlag "Main Donau Verlag", russischer Verlag "Novi Svet".

Zeitungen: "Today's Zaman", "Sunday's Zaman", beides in englischer Sprache, die 1986 gekaufte "Zaman" (Die Zeit; erscheint mit Sonderausgaben in USA, Aserbaidschan, Österreich, Deutschland, Europa, Bulgarien, Kasachstan, Rumänien und Turkmenistan), "Meydan", "Yarına Bakış", "Yeni Hayat", "Bugün", "Millet", "Taraf", "Adana Haber Gazetesi", "Adana Medya Gazetesi", "Akdeniz Türk", "Şuhut'un Sesi Gazetesi", "Kurtuluş Gazetesi", "Lider Gazetesi", "İşçehisar Durum Gazetesi", "Türkeli Gazetesi", "Antalya Gazetesi", "Yerel Bakış", "Nazar", "Batman Gazetesi", "Batman Postası", "Batman Durum", "Bingöl

Olay", "İrade", "İskenderun Olay Gazetesi", "Ekonomi", 'Ege'den Son Söz Gazetesi", "Demokrat Gebze", "Kocaeli Manşet", "Bizim Kocaeli", "Haber Kütahya Gazetesi", "Gediz Gazetesi", "Zafer Gazetesi", "Hisar Gazetesi", "Turgutlu Havadis Gazetesi", "Milas Feza Gazetesi", "Türkiye'den Yeni Yıldız Gazetesi", "Yeni Yıldız Gazetesi", "Hakikat Gazetesi", "Urfa Haber Ajansı Gazetesi", "Ajans 11 Gazetesi", "Yeni Emek", "Banaz Postası", "Son Nokta", "Mekür Haber", "Özgür Düşünce".

Fernsehsender: "STV" (gegründet 1993), "STV Haber" (Nachrichtensender), "STV Avrupa", "STV Amerika", "STV Afrika", "Yumurcak" (Kinderkanal), "Ebru TV" (in den USA in englischer Sprache und in Deutschland in deutscher Sprache), "Dünya", "Bugün TV", "MC TV", "Kanaltürk", "Irmak TV", "Küre TV", "Tuna Shopping", "Barış TV", "Can Erzincan TV", "Hira TV", "Kanal 124", "Merkür TV", "SRT Televizyonu", "Mehtap TV".

Radiosender: "Burç FM" (gegründet 1994), "Radyo Cihan", "Samanyolu Haber Radyo", "Radyo Mehtap", "Aksaray Mavi Radyo", "Mavi Radyo", "Berfin FM", "Cihan Radyo", "Dünya Radyo", "Esra Radyo", "Haber Radyo Ege", "Herkül FM", "Jest FM", "Kanal Türk Radyo", "Radyo 59", "Radyo Aile Rehberi", "Radyo Bamteli", "Radyo Fıkıh", "Radyo Küre", "Radyo Nur", "Radyo Şimşek", "Umut FM", "Yağmur FM".

Medienunternehmen: "Cihan Medya Dağıtım", "Feza Gazetecilik", "World Media Group AG", "Kaynak Holding", "Koza İpek Holding".

Nachrichtenagenturen: "Muhabir Haber Ajansı", "Sem Haber Ajansı", "Cihan Haber Ajansı" (gegründet 1994).

Bank: Bank Asya (gegründet 1996).

Versicherungsunternehmen: Işık Sigorta (gegründet 1996), ASAD.

Unternehmerverbände: İŞHAD (gegründet 1993), "Türkiye İşadamları ve Sanayiciler Konfederasyonu TUSKON".

Vereinigungen: Lehrerverbindung TÖV (gegründet 1978).

Hilfsorganisationen: "Kimse Yok Mu?", "Helping Hands Hilfe Stiftung", "Embrace Relief".

Verschiedene Vereine: "Rumi Forum", "Atlantic Institut", "Alliance for Shared Values", "Peace Islands Institut", "Pacifica Institut", für kurze Zeit der Fußballverein "Nişantaşı Spor Kulübü".

Stiftungen: die 1976 gegründete "Akyazılı Vakfı", die 1994 gegründete "Journalisten- und Autorenstiftung", die jedes Jahr in der Türkei ein großes Symposion namens "Abant" organisierte, zu der internationale Wissenschaftler eingeladen wurden.

Laut eigenen Aussagen (STV, 06.12.2005) sind 1150 Audio-Kassetten mit den Predigten von Fethullah Gülen auf dem Markt. Verschiedene Gedichte von Fethullah Gülen wurden von populären Sängern interpretiert und erreichten so eine sehr große Zielgruppe. Die bekannteste Veranstaltung der Gülen Bewegung ist die "Türkisch-Olympiade", die in Deutschland u.a. als "Kultur-Olympiade" bekannt ist.

Nach dem Konflikt mit der AKP wurden einige Presseorgane, wie z.B. Bugün TV, die türkische Ausgabe der Zaman und das Medienunternehmen Koza İpek Holding vom Staat übernommen und von der Bewegung getrennt. Die Fernsehsender der Bewegung wurden vom türkischen Satelliten Türksat entfernt. Nach dem Putschversuch am 15.07.2016 wurden fast alle Einrichtungen, Medien usw. der Gülen Bewegung vom Staat geschlossen.

Die Gülen Bewegung in Deutschland

In Deutschland ist die Gülen Bewegung seit den 90'ern organisiert. Zu dieser Zeit soll Fethullah Gülen Deutschland besucht haben und seinen Anhängern geraten haben, keine Moscheen sondern Schulen zu bauen. Dem gingen seine Anhänger nach. Schätzungen zur Folge gibt es in Deutschland ca. 300 Einrichtungen, 150 Bildungseinrichtungen und 25 Schulen, die der Gülen Bewegung zugerechnet werden können. In den Einrichtungen Işık Evleri treffen sich die eigentlichen Anhänger der Bewegung. In den Einrichtungen, wie z.B. in den Bildungseinrichtungen (Dershane), arbeiten auch Personen, die nicht direkt der Bewegung angehören. Diese letzteren sind jedoch Plattformen, um neue Anhänger zu gewinnen.

Wie auch schon in der Türkei, gibt es regionale Koordinatoren, die die gesamten Einrichtungen organisieren. Diese bilden die Kommunikation unter den Einrichtungen, haben eine Brückenfunktion und sind überall im Netz. Der Öffentlichkeit wird aber der Eindruck erweckt, als sei man keine zentral koordinierte Organisation (Agai, 2006, S. 57). Das "Forum für Interkulturellen Dialog" und die 2012 gegründete "Stiftung Bildung und Dialog" agieren wie Zentralen der Gülen Bewegung in Deutschland.

In vielen Städten Deutschlands gibt es Nachhilfeinstitute oder Bildungseinrichtungen (Dershane) der Gülen Bewegung. Ein wichtiges Charakteristikum dieser Einrichtungen ist, dass sie eigenständige Vereine sind. Daher sind sie nur schwer ermittelbar. Öfters findet man im Vereinsnamen das Wort "Dialog". Manche dieser Einrichtungen, denen eine Anhängerschaft zugerechnet wird, sind in dem Dachverein BDDI (Bund Deutscher Dialog Institutionen) organisiert.

Einige der Schulen, die der Bewegung angehören sollen, nennen sich BIL-Schulen und sind in Berlin im Dachverein TÜDESB organisiert. Durchschnittlich müssen die Schüler monatlich 300€ für die Privatschulen zahlen. Ein ehemaliger Schüler aus einer der Schulen in Deutschland berichtet im Interview (Şahinöz, 2016, S. 230), dass die Schulen Bücher von Fethullah Gülen von Unternehmern, die der Bewegung nahe stehen, kaufen ließen um sie der Schule zu spenden. Diese Bücher sollen jedoch wieder an die Schüler verkauft worden sein. Die Schüler seien indirekt gezwungen, diese Bücher zu kaufen.

Finanziert werden die Einrichtungen von lokalen, türkischen Geschäftsleuten, für die in den Işık Evleri gesonderte Treffen organisiert werden. Diese Treffen zeichnen sich auch für die Spender aus, da sie so in ein Netzwerk aus Geschäftsleuten integriert werden. In den Unternehmerverbänden der Bewegung treffen sich sowohl Anhänger der Bewegung als auch Unternehmer, die sie für die Bewegung gewinnen wollen. Der Dachverband "Bundesverband der Unternehmervereinigung" (BUV), welches der Gülen Bewegung zugerechnet wird, soll 3000-5000 Personen vertreten.

Der Patriotismus, den wir normalerweise von Gülens Netzwerk kennen, wird in Deutschland „zugunsten eines jeweils lokalen Patriotismus modifiziert" (Agai, 2006, S. 60). Dass heißt, die Einrichtungen der Gülen Bewegung heben die Bedeutung der Stadt, in der sie sich befinden, immer wieder hervor, und versuchen so ein bestimmtes Außenbild von sich zu erzeugen.

Eine Besonderheit der Einrichtungen ist es, dass nahezu alle Einrichtungen, die zu der Bewegung gehören, ihre Anhängerschaft zu Gülen verschweigen oder nur bedingt ihre Verbindung zu ihm eingestehen. Nur wenige gestehen eine Verbindung ein, die sie aber höchstens als „Sympathie für Gülen" bezeichnen. Auf Grund dieser fehlenden Transparenz, auch für die eigenen Anhänger, gibt es jedoch ein hohes Maß an Misstrauen gegenüber den Einrichtungen.

Insgesamt geben sich die Einrichtungen nicht als religiöse Einrichtungen aus. Sie treten in der Öffentlichkeit nicht als religiöse Akteure auf und führen keinen innermuslimischen Dialog. Daher kooperieren sie schon von den Anfängen an, also seit den 90'ern, nicht mit muslimischen Vereinen und sind auch nicht in muslimischen Dachverbänden organisiert. In vielen Orten gibt es große Bestrebungen, sich von muslimischen Einrichtungen zu distanzieren (Zaman, 17.06.2016). So entsteht hier wieder ein Semantik- und Selbstbildproblem, das schon beschrieben wurde. Die Begriffe und Zuschreibungen intern und extern sind unterschiedlich. Während extern säkulare Begriffe benutzt werden, nutzt man intern theologische Begriffe. Während sie im externen Diskurs davon sprechen keine Religionsgemeinschaft zu sein, werfen sie im gleichen Augenblick intern den Religionsgemeinschaften vor, sie auszugrenzen, wenn sie sie – wie sie selber (!) – als keine Religionsgemeinschaft bezeichnen. In dieser Widersprüchlichkeit bewegt sich die Bewegung in der Innen- und Außenperspektive. Diese Problematik gibt es nicht seit den Konflikten mit der AKP, sondern seit der Existenz der Gülen Bewegung in Deutschland.

Was sich jedoch seit dem Konflikt mit AKP in Deutschland verändert hat, ist, dass die Gülen Bewegung schlagartig auch extern mit theologischen Begriffen hantiert um die Gunst der Religionsgemeinschaften zurückzugewinnen.

Wie in anderen Ländern, finden auch in Deutschland die Kultur-Olympiaden statt. Auf Grund der Konflikte in der Türkei fand das Finale 2014 in Deutschland statt. Während diese Olympiaden im Originalen "Türkisch-Olympiade" heißen, werden sie in Europa als "Kultur-Olympiade" bezeichnet. Dies belegt wieder die Nutzung von unterschiedlichen Semantiken für unterschiedliche Klientel. 2016 hieß die Olympiade "International Festival of Culture and Language". Unabhängig von der Olympiade finden auch verschiedene Kulturprogramme, Wettbewerbe und Preisverleihungen statt. Für das schon erwähnte Projekt "House of One" in Berlin erhielt die Bewegung 3,4 Millionen Euro Fördermittel.

Im Rahmen von Lobbyarbeit werden zu dem einflussreiche Politiker und Journalisten als Ehrenmitglieder von Vereinen oder in den Aufsichtsrat der Einrichtungen gebracht.

Die Bücher werden Vertrieben durch "NT" (früher: "Line Marketing"). Die zentrale Zeitschrift der Bewegung erscheint in Deutschland unter dem Titel "Die Fontäne". Publiziert werden die Bücher und Zeitschriften in verschiedenen Verlagen. Die Tageszeitung Zaman erschien seit 1991 und hatte eine Europa- und Deutschlandseite. September 2016 wurde die Zeitung auf Grund der Konflikte in der Türkei auch in Deutschland eingestellt. Auch der Fernsehsender STV hat eine Europaversion, auf dem Nachrichten und Sendungen aus Europa laufen. Insgesamt gibt es mehrere Medienunternehmen.

Wenn man die Berichterstattungen der Gülen Bewegung in Deutschland analysiert, ist eine deutliche, scharfe Kritik gegenüber der Türkei und Erdoğan zu lesen. Doch auch die Religionsgemeinschaft DITIB wird mit dem Vorwurf der Nähe zum türkischen Staat scharf kritisiert. Sowohl die Imame, die nach Deutschland entsandt werden, als auch der Verband als solches werden seit dem Konflikt in der Türkei kritisiert.

Die Konflikte in der Türkei, vor allem nach dem Putschversuch am 15.07.2016, dass der Gülen Bewegung angerechnet wird, werden auch in Deutschland ausgetragen. Wie der NRW Innenminister im September 2016 berichtete, soll es nach dem gescheiterten Putsch in NRW 35 Ausschreitungen und Drohungen gegen Gülen Anhänger gegeben haben.

Wie in der Türkei, zeigt die Gülen Bewegung auch in Deutschland die gleichen Reflexe, sprich sie agiert auch hier wenig transparent und im Geheimen. Es ist quasi fast unmöglich Informationen für Außenstehende, und vor allem erst recht nicht als Forscher, aus erster Hand zu bekommen. Die Gülen Bewegung in Deutschland ist in diesem Punkt sehr verschlossen. Der Baden-Württembergische Verfassungsschutz bringt genau dieses Phänomen auf den Punkt: „Die unterschiedlichen Bewertungen der Gülen-Bewegung lassen sich auf die Vielschichtigkeit und Mehrdeutigkeit ihrer Aktivitäten zurückführen. Es bleibt die Diskrepanz zwischen dem nach außen hin vermittelten Bemühen um Konsens und Dialog und der religiös-ideologischen Grundlage, auf welcher sich das Handeln der Gülen-Bewegung insgesamt vollzieht und die auch für den Bildungsbegriff Gülens prägend ist. Die Widersprüchlichkeit des nach außen hin säkularen Auftretens der Gülen-Bewegung und der fehlenden Transparenz bezüglich des nach innen gelebten Islamverständnisses der Bewegung spiegelt sich in der defensiven Haltung der Protagonisten der Bewegung angesichts konkreter Nachfragen zu komplexeren Fragestellungen, bis hin zur Negierung einer Verbindung zu Gülen und dessen Ideen. Auch in Bezug auf das Agieren der Gülen-Bewegung in Deutschland bleibt die Frage relevant, wem die Loyalität der Anhänger letztlich gilt. Der Umstand, dass Aussteiger aus der Gülen-Bewegung bislang anonym bleiben, kann kaum als ein Indiz für Meinungs- und Entscheidungsfreiheit der Anhänger Gülens gewertet werden. Ebenso erscheinen das häufige Fehlen eines uneingeschränkten Bekenntnisses zu Gülen und die Reduzierung der Beziehung zu seiner Person als „Inspirationsquelle" als ein taktisches Mittel, um die fehlende kritische Distanz zu kompensieren" (Verfassungsschutz Baden-Württemberg, 2014, S. 50ff). Seit 2012 ist die Gülen Bewegung daher mit dem Vorwurf des Geheimbundes und einer stillen religiösen Agenda auch in Deutschland im Fokus.

Einrichtungen in Deutschland

Einrichtungen in Deutschland, die der Gülen Bewegung zugerechnet werden, sind z.b.:

Buchvertrieb: "NT Almanya" (früher "Line Marketing").

Verlag: "Main Donau Verlag", "INID Institut" ("Institut für Information über Islam und Dialog e.V.").

Zeitschriften: "Die Fontäne", "Zukunft".

Zeitungen: "Zaman Avrupa", Internetzeitung "DTJ", ("DTN" gehörte in der Anfangsphase ebenfalls der Gülen Bewegung).

Fernsehsender: "STV Avrupa", "Ebru TV".

Medienunternehmen: "World Media Group AG", "Peyk Media GmbH", "Tuwa Media GmbH", "Sun

Print & Vertriebs GmbH", "Zukunft Medien GmbH", "Word Media Akademie".

Bildungseinrichtungen und Vereine: "BDDI" (Bund Deutscher Dialog Institutionen), "Interkultureller Dialog e.V.", "Begegnungen e.V.", "Impuls Bildungsforum e.V.", "Rumi Forum", "Süddialog e.V.", "Dialog-Institut für den Südwesten", "IDIZM e.V.", "Ruhr-dialog e.V.", "Forum Dialog e.V.", "Gesellschaft für Dialog e.V.", "TÜDESB", "BIL-Schulen", "Interkulturelles Dialogzentrum e.V." (IDIZ), "Forum für Interkulturellen Dialog", "Stiftung Bildung und Dialog".

Unternehmerverbände: Barex, Hamle, WIN, BNWL, Rhein-Ruhr Unternehmerkreis, Ruhr Business Plattform, FIDAN, Synko, Uvide, AKTIV, Rhemarex, Frankfurt İş Adamları Derneği (FUV), SELF, Alp-Donau, İş Adamları Birliği ADUV, EXUV, Bundesverband der Unternehmervereinigung (BUV).

Konflikt mit der AKP und Erdoğan

2013 begann zwischen der Gülen Bewegung und der regierenden AKP, insbesondere mit Recep Tayyip Erdoğan, ein erbitterter Kampf[36]. Angefangen mit den Meinungsunterschieden zu den Themen Mavi Marmara Hilfsflotte und dem Chef des türkischen Geheimdienstes Hakan Fidan, folgte eine ganze Kette von Problemen, die zu einem großen Konflikt führten. Die Umwandlung der Bildungseinrichtungen (Dershane), die Operationen der Gülen Bewegung am 17. und 25. Dezember 2013, Vorwurf eines Parallelen Staates, Vorwürfe des Amtsvergehens einiger Abgeordneter, die Benennung der Richter und Staatsanwälte, das Abhören von Telefonaten, Stimmenaufnahmen, Schließung der Gülen Einrichtungen sind nur einige der Themen (Misawa, 2013).

---

[36] In einem Artikel im Jahre 2010 wies ich schon darauf hin, dass, mit Betrachtung seiner Vergangenheit und seiner Denkweisen, Gülen sich spätestens bei den Wahlen 2014/2015 seine Unterstützung der AKP beenden wird und es zu einem großen Konflikt kommen wird (Şahinöz, 2010). In der Tat gelang dieser Konflikt Ende 2013 an die Öffentlichkeit.

Bei allen kommenden Wahlen (auf lokaler, regionaler und Landesebene) mobilisierte die Gülen Bewegung ihre Anhänger, Medien und Einrichtungen gegen die AKP.

U.a. auf Grund der Unterwanderung des Staates und wegen Missbrauchs von Positionen innerhalb des Staats- und Sicherheitsapparats begannen am 14.12.2014 in der Türkei die Ermittlungen gegen die Gülen Bewegung und am 19.12.2014 wurde Fethullah Gülen angeklagt. Die Gülen Bewegung wurde als Terrororganisation FETÖ und als Paralleler Staat PDY bezeichnet. Die Türkei forderte die Auslieferung Gülens von den USA. Ältere unabgeschlossene Kriminal- und ähnliche Fälle, wie z.B. um Hrank Dink, Muhsin Yazıcıoğlu, Kassettenskandal der MHP, Kassettenskandal von Deniz Baykal, Ergenekon-Anklage, Ahmet Şık, Nedim Şener, Hanefi Avcı, die Gruppe der Tahşiyeciler, Fenerbahçe, Aziz Yıldırım und Cübbeli Ahmet Hoca, wurden auf Verbindungen mit der Gülen Bewegung untersucht.

In dieser Phase versuchte die Nurculuk Bewegung noch deutlicher aufzuzeigen, dass sie keine Verbindungen zur Gülen Bewegung hält und das Gülen nur kurzzeitig, und schon dies mit großen Spannungen und Konflikten, in der Nurculuk Bewegung war.

Um den Konflikt zwischen der Gülen Bewegung und der AKP zu verstehen, muss man eine Analyse ihrer Vergangenheit und ihrer Ziele machen. Beide Seiten verfolgten zunächst Anfangs das Ziel, die Diskriminierung der religiösen Community in der Türkei zu beenden (vgl. Seufert, 2013, S. 15ff). Die Diskriminierung ging aus ihrer Sicht von bestimmten Ideologien, allen voran der kemalistischen Ideologie, innerhalb der Politik, bzw. der Bürokratie aus, also sollte hier ein Paradigmenwechsel stattfinden. Die AKP machte dies auf die legale Art und Weise, in dem sie sich politisch organisierte. Die Gülen Bewegung zog es vor, im Geheimen zu agieren, in dem sie den Staat unterwanderte und wichtige Postionen besetzte. Für die Veränderung in der Ebene der Bürokratie arbeiteten zunächst die Gülen Bewegung und die AKP gemeinsam[37]. Sie hatten auch keine andere Wahl. Die AKP erkannte, dass Gülen überall im Staatswesen schon drin war und die Gülen Bewegung sah die überwältigende Unterstützung des Volkes für die AKP. Daher entstand hier eine Art "Zwangsheirat".

Da eine "Zwangsheirat" nicht auf Liebe basiert, sollte auch diese Heirat irgendwann zur Scheidung führen. Nach 2010, nach großen Meinungsverschiedenheiten, standen sich die AKP und die Gülen Bewegung gegenüber. Obwohl die AKP die führende Regierung war, war die Gülen Bewegung weiterhin überall im Staatswesen, so dass die Bürokratie in eine Sackgasse geriet.

---

[37] Recep Tayyip Erdoğan räumte ein, dass er von der Gülen Bewegung getäuscht wurde (Haberler.com, 21.03.2014). In der Tat ist Erdoğan nicht der erste Präsident, mit dem die Gülen Bewegung kooperierte. Die Unterwanderung der Bürokratie durch die Gülen Bewegung begann schon in den 80´ern. Viele Minister und Präsidenten unterstützten die Bewegung und führten in den 90´ern zu seiner Stärkung. Turgut Özal, Ex-Ministerpräsident, jedoch, hatte seine Zweifel an Gülen (Albayrak, 2016).

Hüseyin Gülerce, der einer der bekanntesten Sprecher der Bewegung und auch Vorsitzender der wichtigsten Gülen Einrichtung "Journalisten- und Autorenstiftung" war, machte einen Tag nach den Regionalwahlen 2014, als er noch Anhänger der Gülen Bewegung war, eine Selbstkritik der Bewegung. Demnach hätten sie u.a. die Fehler gemacht, ihre eigenen Werte der Toleranz aufgegeben zu haben und stattdessen Hass zu sähen und sich dabei politisiert zu haben. Dabei hätte man die Bewegung komplett aus dem Ruder gebracht und das Vertrauen der Bevölkerung verloren (Özışık, 31.03.2014). Gülerce verließ später die Bewegung und wurde von Fethullah Gülen angeklagt.

Putschversuch

Als am 15.07.2016 ein Putschversuch in der Türkei stattfand, wurde dies auf die Gülen Bewegung zurückgeführt[38]. In der Tat zeigen die Aussagen vieler Putschisten, wie z.B. des Oberstleutnants Levent Türkan, dass die Gülen Bewegung in Kooperation mit anderen Gruppen hinter dem Putschversuch steckt (Hürriyet, 22.07.2016). Daraufhin wurde Gülens Auslieferung aus den USA noch einmal vom türkischen Staat intensiviert. In Interviews betonte Gülen jedoch, keine Verbindung mit den Putschisten zu haben.

Nach dem Putschversuch wurden Tausende Gülen Anhänger aus dem Staatsversehen suspendiert und/oder verhaftet. Im ersten Monat wurden 76597 Personen suspendiert und 4897 Personen wurde der Beamtenstatus entzogen. 18756 Personen wurden festgenommen und davon 10192 verhaftet. Unter den Verhafteten befinden sich 1751 Polizisten, 6153 Soldaten, 2131 Richter und

---

[38] Gülen hatte die vergangenen Putsche in seinen Reden immer wieder gelobt. Nun wurde ihm selbst ein Putsch angerechnet.

Staatsanwälte, 64 Personen in administrativen Positionen und 93 Zivilisten. Bei 4314 Personen waren die Ermittlungen noch nicht abgeschlossen. Insgesamt wurden 59467 Personen vom öffentlichen Dienst suspendiert und 55978 Personen wurde der Reisepass für ungültig erklärt. 89 Journalisten wurden festgenommen und davon 37 verhaftet (T24, 15.08.2016). Laut Özışık führen 5 Kriterien zu einer Verhaftung oder Suspendierung: 1. Die Nutzung des Kommunikationssystems Bylock, dass nur der Gülen Bewegung zur Verfügung steht und zu dem der Eintritt nur durch die Techniker der Gülen Bewegung gewährt wird. 2. Kontoeröffnungen auf Bank Asya, der Bank der Gülen Bewegung, nach den Operationen der Gülen Bewegung am 17. und 25. Dezember 2013, nach dem Fethullah Gülen Kontoeröffnungen ausdrücklich betonte. 3. Mitgliedschaften in Gewerkschaften der Gülen Bewegung nach den Operationen am 17. und 25. Dezember 2013 4. Kinder auf Gülen-Schulen nach den Operationen am 17. und 25. Dezember 2013. 5. Die Unterstützung der Gülen Bewegung auf sozialen Netzwerken. Unter denjenigen, die diese Kriterien erfüllen, wird noch einmal unterschieden, ob sie aktiv im System beteiligt sind oder eine einfache Mitgliedschaft haben. Die, die am System beteiligt sind und eine hohe Position in der Bewegung haben, werden inhaftiert. Personen mit weniger hohen Positionen werden suspendiert. Alle anderen, die nicht diese Kriterien erfüllen und unschuldig sind, kehren zu ihren Jobs zurück (Özışık, 02.09.2016).

Im Zuge der Ermittlungen wurden verschiedene Einrichtungen, die der Gülen Bewegung angerechnet werden, geschlossen. 35 Einrichtungen im Gesundheitsbereich, 934 Schulen, 109 Studentenwohnheime, 104 Stiftungen, 1125 Vereine, 15 Universitäten und 19 Gewerkschaften wurden geschlossen. Am 27.07.2016 wurden 3 Nachrichtenagenturen, 16 Fernsehsender, 23 Radiosender, 45 Zeitungen, 15 Zeitschriften, 29 Verlage und Vertriebe geschlossen. Das Vermögen wurde der Staatskasse übertragen. Die geschlossenen Medien-Einrichtungen sind:

Nachrichtenagenturen:

Cihan Haber Ajansı, Muhabir Haber Ajansı, Sem Haber Ajansı.

Fernsehsender:

Barış TV, Bugün TV, Can Erzincan TV, Dünya TV, Hira TV, Irmak TV, Kanal 124, Kanal Türk, MC TV, Mehtap TV, Merkür TV, Samanyolu Haber, STV, SRT Televizyonu, Tuna Shopping TV, Yumurcak TV.

Radiosender:

Aksaray Mavi Radyo, Mavi Radyo, Berfin FM, Burç FM, Cihan Radyo, Dünya Radyo, Esra Radyo, Haber Radyo Ege, Herkül FM, Jest FM, Kanal Türk Radyo, Radyo 59, Radyo Aile Rehberi, Radyop Bamteli, Radyo Cihan, Radyo Fıkıh, Radyo Küre, Radyo Mehtap, Radyo Nur, Radyo Şimşek, Samanyolu Haber Radyosu, Umut FM, Yağmur FM.

Zeitungen:

Adana Haber Gazetesi, Adana Medya Gazetesi, Akdeniz Türk, Şuhut'un Sesi Gazetesi, Kurtuluş Gazetesi, Lider Gazetesi, İşçehisar Durum Gazetesi, Türkeli Gazetesi, Antalya Gazetesi, Yerel Bakış, Nazar, Batman Gazetesi, Batman Postası, Batman Durum, Bingöl Olay,

İrade, İskenderun Olay Gazetesi, Ekonomi, Ege'den Son Söz Gazetesi, Demokrat Gebze, Kocaeli Manşet, Bizim Kocaeli, Haber Kütahya Gazetesi, Gediz Gazetesi, Zafer Gazetesi, Hisar Gazetesi, Turgutlu Havadis Gazetesi, Milas Feza Gazetesi, Türkiye'den Yeni Yıldız Gazetesi, Yeni Yıldız Gazetesi, Hakikat Gazetesi, Urfa Haber Ajansı Gazetesi, Ajans 11 Gazetesi, Yeni Emek, Banaz Postası, Son Nokta, Mekür Haber, Millet, Bugün, Meydan, Özgür Düşünce, Taraf, Zaman, Today's Zaman.

Zeitschriften:

Akademik Araştırmalar Dergisi, Aksiyon, Asya Pasifik, Bisiklet Çocuk, Diyalog Avrasya, Ekolife, Ekoloji, Fountain, Gonca, Gül Yaprağı, Nokta, Sızıntı, Yağmur, Yeni Ümit, Zirve Dergisi.

Verlage und Vertriebe:

Altın Burç Yayınları, Burak Basın Yayın Dağıtım, Define Yayınları, Dolunay Eğitim Yayın Dağıtım, Giresun Basın Yayın Dağıtım, Gonca, Gülyurdu, GYV, Işık Akademi, Işık Özel Eğitim Yayınları, İklim Basın Yayın Pazarlama, Kaydırak Yayınları, Kaynak Yayınları, Kervan Basın Yayıncılık, Kuşak Yayınları, Muştu Yayıncılık, Nil Yayınları,

Rehber Yayınları, Sürat Basın Yayın Reklamcılık ve Eğitim Araçları, Sütün Yayınları Şahdamar Yayınları, Ufuk Basın Yayın, Haber Ajans Pazarlama, Ufuk Yayınları, Waşanxaneya Nil, Yay Basın Dağıtım, Yeni Akademi, Yitik Hazine, Zambak Basın Yayım.

Nach all diesen Vorfällen tauchten in der Öffentlichkeit auch alte Anhänger der Gülen Bewegung oder Personen, die die Bewegung auf Grund dieses Putschversuches verließen, auf und entschlüsselten das gesamte Gülen System. Auch anonyme öffentliche Schreiben aus der Gülen Bewegung, die offen Selbstkritik und Kritik gegenüber Gülen äußerten (Taşgetiren, 2016), tauchten auf.

Fazit

Die Frage, ob die Gülen Bewegung eine Religionsgemeinschaft oder ein Geheimbund ist, kann man zunächst mit „Beides" beantworten.

Denn in der Entstehungsphase der Bewegung, in den 60'ern und 70'ern, hatte es in der Tat die Merkmale einer religiösen Gruppe. In dieser Zeit missbrauchte Gülen die Werke von Said Nursi und die Nurculuk Bewegung, um sein eigenes Netzwerk aufzubauen.

Ab den 80'ern jedoch hatte die Gülen Bewegung keinen religiösen Charakter mehr und verwandelte sich zunehmend in einen Geheimbund, dass den türkischen Staat zu unterwandern versuchte.

Hierzu ging Fethullah Gülen jede mögliche Kooperation ein und legitimierte Verheimlichungen. Regierungen und Staatsmänner unterstützten ihn mit der Hoffnung, dass er eine Alternative zu anderen islamischen Gruppierungen sei. Der vom Staat unterstützte Gülen wiederum, unterstützte seinerseits bedingungslos den Staat, u.a. auch die Putsche. So kam es zu einer win-win Situation für beide Seiten.

Erst als der Staat keine Verwendung mehr für die Gülen Bewegung hatte, wurde er fallengelassen. Gülen hatte jedoch schon seine eigenen Leute im Staatswesen untergebracht. So konnte er seine eigenen Ziele nach politischer Macht umsetzen.

Als die AKP an die Macht kam, arbeiteten die Gülen Bewegung und die AKP zunächst gezwungenermaßen zusammen. Dies war jedoch nur bedingt möglich, da Gülen Anhänger im Staatswesen nicht ihren Vorgesetzten, sondern Fethullah Gülen untergeordnet waren. Dies führte unweigerlich zu Konflikten innerhalb der Bürokratie.

Zudem verfolgte Gülen weiterhin das Ziel, dass er sich laut eigenen Aussagen schon als 20-jähriger setzte, nämlich den Staat zu verändern und in seine Kontrolle zu nehmen. Dem entgegnete die AKP als legitim und demokratisch gewählte Regierung. Seit Ende 2013 wird dieser Konflikt offen ausgetragen.

Nach dem Putschversuch am 15.07.2016 verlor die Gülen Bewegung jegliche Reputation in der Türkei. Viele Anhänger auf hohen Positionen verließen die Türkei. Fethullah Gülen selbst ist weiterhin in den USA.

Die Gülen Bewegung wird sicherlich noch einige Jahre bestehen bleiben. Entweder wird sich die Bewegung langsam auflösen oder - was viel wahrscheinlicher ist - sie wird sich ausserhalb der Türkei neu formieren.

Literatur

- Agai B.: Zwischen Netzwerk und Diskurs. Das Bildungsnetzwerk um Fethullah Gülen (geb. 1938) : Die flexible Umsetzung modernen islamischen Gedankenguts. EB-Verlag: Schenefeld, 2004
- Agai B.: Fethullah Gülen: Die größte türkisch-islamische Bildungsbewegung. In: Amirpur K., Ammann L. (Hrsg.): Der Islam am Wendepunkt. Liberale und konservative Reformer einer Weltreligion. Herder: Freiburg im Breisgau, 2006, S. 55-63
- A Haber: Deşifre Programı. Prof. Dr. Ahmet Keleş. 17.03.2014
- Akman N.: Interview mit Fethullah Gülen. 6. Teil. Zaman, 27.03.2004
- Aköz E., Atal N.: Said Nursi'den Fethullah Gülen'e Nur Cemaati. Sabah, Artikelserie, 12.12.2004-06.01.2005

- Aksiyon Dergisi: Interview mit Fethullah Gülen. 06.06.1998
- Albayrak N.: Özal'dan Fethullah Gülen'e Hitler benzetmesi. 27.04.2016
- Ankara DGM No:2: Fethullah Gülen'in savunması. Aktennummer 2000/124E
- Aras B.: Turkish Islam's Moderate Face. In: Middle East Quarterly, September, 1998, Volume 5, Number 3, S. 23-31
- Aras B., Caha O.: Fethullah Gülen and his Liberal 'Turkisch Islam' Movement. In: Middle East Review of International Affairs, Vol. 4, No. 4, Dezember, 2000, S. 30-42
- ATV: Savaş Ays Interview mit Fethullah Gülen. 23.11.1995
- ATV: Fethullah Gülens Videoaufnahmen. 18.06.1999
- Aydüz D., Erdoğan L.: Fethullah Gülen'in İslami Anlayışı ve Düşünce Çizgisi. Internet: http://tr.fgulen.com/content/view/3200/127/. 2006.

- Barlas M.: Hocaefendi Sendromu. Birey: İstanbul, 2000
- Çakır R.: Gülen cemaatinin sırları. Vatan, 21.10.2007
- Çakır E.: Fethullah Gülen'in 'küçük' ihaneti! Yeni Şafak, 16.03.2014
- Çalışlar: Cemaat ve Tarikatların Siyasetteki 40. Yılı. Erbakan – Fethullah Gülen kavgası. Sıfır Noktası: İstanbul, 2001
- CNN Türk: Interview mit Mehmet Ali Birand. Medya Mahallesi, 02.06.2011
- Eickelman Dale F.: Inside the Islamic Reformation. In Wilson Quarterly 22, Nr.1, Winter 1998, S. 80-89
- Erdoğan L.: Fethullah Gülen Hocaefendi. Küçük Dünyam. AD Yayıncılık: İstanbul, 1995
- Ergene M. E.: Geleneğin Modern Çağa Tanıklığı. Gülen Hareketinin Analizi. Yeni Akademi Yayınları: İstanbul, 2005
- Erkoca Y.: Genelkurmay Yanlış Bilgilendirilmiş. In: NTV MAG, 14. Oktober, 2000, S. 72-75

- Gülen F.: Son Karakol. In: Sızıntı Dergisi, Oktober, 1980
- Gülen F.: Fasıldan Fasıla. Cilt 2. 2. baskı. Nil: Izmir, 1995
- Gülen F.: Prizma. Cilt 1-2. Nil: Izmir, 1997
- Gülen F.: Fasıldan Fasıla. Cilt 1. Nil: Izmir, 1998a
- Gülen F.: Ölçü veya yoldaki ışıklar. Cild 1. 12. baskı. Nil: Izmir, 1998b
- Güler T.: Kara propaganda. Akşam, 18.01.2014
- Haber 10: Cemaat mensubundan şok itiraflar: İşte Paralel Devletin kodları! 31.12.2013
- Haberler.com: Erdoğan: „Pensilvanya'da ki bu zatın yalanlarına maalesef aldandık". 21.03.2014
- Haberler.com: İhsan Kalkavan, 'Fethullah Gülen'in Futbol Projesi' Haberine Açıklık Getirdi. 22.05.2014
- Hermann R.: Die drei Versionen des politischen Islam in der Türkei. In: Orient, Nr.37 (1), 1996, S. 35-57
- Hürriyet: Beceremediniz, artık bırakın. 18.04.1997

- Hürriyet: Okulları devrediyor. 23.12.1997
- Hürriyet: Gülen, geçmişini nasıl görüyor? 03.04.1998
- Hürriyet: Fethullah Gülen ABD'de oturma iznini nasıl aldı? 09.05.2014
- Iftiralaracevap.com: İftiralara Cevaplar
- Ilıcak N.: Nurettin Veren ve The Cemaat'te yeni bir ihanet! Sabah, 03.09.2010
- Kanal A: Gülen'den Peygamber Efendimiz (SAV) hakkında skandal ifadeler. 15.08.2016
- Kanal D: Yalçın Doğans interview mit Fethullah Gülen. 16.04.1997
- Kaplan Y.: Twitter Nachricht. 23.07.2016
- Karabaşoğlu M.: Text and Community: An Analysis of the Risale-i Nur Movement. In: Abu-Rabi I. (Ed.): Islam at the Crossroads. On the Life and Thought of Bediüzzaman Said Nursi. State University of New York Press: New York, 2003, S. 263-296
- Karakaya H.: İşte, Fetullah Gülen'in Kur'an-ı Kerim'i yere fırlattığı o cami! Yeni Akit, 27.10.2014

- Kristianasen W.: New Faces of Islam. In: Le Monde Diplomatique. English Edition. Juli, 1997, S. 16-27
- Medya Gündem: Gülen gerçekten rüyasında Peygamberimizi mi görüyor? 17.02.2014
- Milliyet: Gülen de uyardı. 18.04.1997
- Milliyet: Haşhaşiler kimdir? Haşhaşi ne demek? 14.01.2014
- Milliyet: Erdoğan'dan Gülen'e sert eleştiriler. 02.03.2014
- Misawa: Risale-i Nur'lar sadeleştirildi. Internet: http://forum.misawa.de/showthread.php/16137-Risale-i-Nur%C2%B4lar-sadelestirildi. 2012
- Misawa: Cemaat ve Ak Parti (Fethullah Gülen ve Tayyip Erdoğan) Internet: http://forum.misawa.de/showthread.php/2842-Cemaat-ve-Ak-Parti-(Fethullah-G%C3%BClen-Tayyip-Erdogan). 2013
- Misawa: Risale-i Nur ve telif hakkı. Internet: http://forum.misawa.de/showthread.php/18491-Risale-i-Nur-ve-telif-hakki. 2014

- Mısıroğlu K.: Tarihten Günümüze Tahrif Hareketleri. Cilt 3. Sebil Yayınevi: İstanbul, 2012
- Muhtar R.: Fethullah Hoca ile Bülent Ecevit ilişkisi ve 28 Şubat. Vatan, 03.02.2012
- Neue Zürcher Zeitung: Helen Rose Ebaugh ile söyleşi. 21.06.2010
- Özışık H.: 'Hoşgörü isteyen Cemaat, CHP'ye oy istedi!. İnternethaber, 31.03.2014
- Özışık S.: Bizim Fetö'cüler, sizin Fetö'cüler! İnternethaber, 02.09.2016
- Reed F.A.: Anatolia Junction: A Journey into Hidden Turkey. Taloonbooks: British Columbia, 1999
- Risale Haber: Fethullah Gülen'e okuduğum ilk risale. 27.01.2011
- Risale Haber: Said Nursi'nin o talebeleri beni çok etkiledi. 12.12.2011
- Risale Haber: Cumhurbaşkanı Erdoğan, FETÖ ile Said Nursi'nin farkını anlatıyor. 25.07.2016
- Risale Haber: Görmez: FETÖ üzerinden Said Nursi ve Risale-i Nur'a bakmak fitnedir. 30.08.2016

- Sabah: Türkiye Cezayir olabilirdi. Fethullah Gülen ile söyleşi. 26.01.1995
- Sabah: STV'de Peygamberimize saygısızlık. 11.02.2014
- Sabah: Beyaz yakalılar darbesi. 04.10.2015
- Sabah: "FETÖ lideri Gülen kendini Mesih ilan ettirdi"'. 04.08.2016
- Sabah: Fetullah Gülen "İktidarı devirmeyi 20 yaşımda planlamıştım". 18.08.2016
- Şahinöz C.: Die Nurculuk Bewegung. Entstehung, Organisation und Vernetzung. Nesil: Istanbul, 2009
- Şahinöz C.: Fethullah Gülen – Ak Parti kavgası. İkinci Vatan Gazetesi, 06.06.2010
- Şahinöz C. 2016: Nurculuk Hareketi ve Fethullahçı Terör Örgütü. Sosyolojik Bir Araştırması. Arion: Istanbul, 2016
- Şahinöz C.: Putsch der Falschinformationen. In: Huffington Post., 21.07.2016
- Seufert G.: Überdehnt sich die Bewegung von Fethullah Gülen? Eine türkische

Religionsgemeinde als nationaler und internationaler Akteur. SWP-Studie: Berlin, 2013
- Sky Türk: Interview mit Hakan Yavuz. Anlamak için, 14.07.2008
- Sönmez A.: Fethullah Gülen Gerceği. 2. baskı. Kaynak: Izmir, 1999
- STV: Interview mit Fethullah Gülen. 29.03.1997
- STV: Fethullah Gülens Biographie. 1. Folge: 06.12.2005; 2. Folge: 13.12.2005; 2005
- T24: Darbe girişiminin üzerinden bir ay geçti; kaç kişi tutuklandı, hangi kurumlar kapatıldı? 15.08.2016
- Taşgetiren A.: İçerden bir çığlık. Star, 03.08.2016
- Tempo: Gülen Hareketi. 02.07.1997, S. 46-50
- The Kansas City Star: WikiLeaks cables show U.S. diplomats warned the government about Gulen. 11.08.2016
- Time Türk: Fethullah Gülen'in rüyası ve Başbakan Erdoğan. 30.12.2013
- Time Türk: Efendimiz (SAV) Gülen'e, twitleri ikiye katlayın demiş. 30.01.2014
- Ünal İ.: Hocaefendi ile bir ay. Işık: İstanbul, 2001

- Veren N.: Kuşatma. Siyah Beyaz Yayınları: İstanbul, 2007
- Veren N.: Erbakan Hocanın parti kurma teklifini Gülen niçin reddetti. Yeni Akit, 07.04.2016
- Verfassungsschutz Baden-Württemberg: Bericht des Landesamts für Verfassungsschutz Baden-Württemberg über die Prüfung tatsächlicher Anhaltspunkte für verfassungsfeindliche Bestrebungen der Bewegung um den türkischen Prediger Fethullah Gülen. 25.07.2014
- Yavuz H.: Die Renaissance des religiösen Bewusstseins in der Türkei: Nur-Studienzirkel. In: Göle N., Ammann L. (Ed.): Islam in Sicht. Der Auftritt von Muslimen im öffentlichen Raum. Transcript: Bielefeld, 2004, S. 121-146
- Yeni Akit: Gülen: Hükümet gitsin. 18.04.1997
- Yeni Akit: FETO: 2. Murat beni namaza kaldırdı. 27.08.2016
- Yeni Şafak: Abimi Fethullah Gülen şikayet edip tutuklattı. 24.03.2014

- Yeni Şafak: Bediüzzaman'dan, Sait Nasır'a: Bu münafığa dikkatli ol fakat zamanı gelince açıkla. 27.03.2014
- Zaman: Interview mit Fethullah Gülen. 8. Teil. 09.03.1992
- Zaman: Hayırlı olsun. 30.06.1997
- Zaman: ERNA Başkanı'ndan çarpıcı açıklamalar. 17.06.2016
- Zarcone T.: La Turquie moderne et l'Islam. Flammarion: Paris, 2004